魚玄機

從一代才女到階下囚
以命運寫下傳奇般的詩篇

詩才絕代

風姿綽約

咸宜觀裡

她執筆賦詩，卻沒能在紅塵中寫出自己的圓滿

詩壇才女淪為階下囚……
紅塵與詩情交織而成的悲歌

孟斜陽 著

歷史的煙雨中，如彼岸花般殘豔地燃盡一生
魚玄機——大唐最耀眼卻也最孤獨的名字

目錄

前言

魚玄機，人稱「色既傾國，思乃入神」，是一個集才氣、美貌、放蕩於一身的唐朝女子。

「易求無價寶，難得有心郎」，就是這個唐代才女最有名的詩句之一。這不僅是魚玄機痛苦絕望的心聲，更引起千千萬萬紅顏女子的悲情共鳴。

然而，到底是什麼樣的人生經歷讓她產生這樣的感悟？她被稱為唐朝的浪蕩女是真的嗎？為何有人說她是女權意識開始覺醒的「唐朝西蒙．波娃」？歷史上才女很多，但是因命案被判處死刑的才女似乎只有這一位。又是什麼造成了這位紅顏女子命運的悲劇？

魚玄機，就像翡翠般明麗的深湖，讓你無法視而不見。她翠綠明亮，隨時撩撥著你，等待你走近的腳步。

待你走近了，卻會發現她倏忽之間又變化了，變得幽深詭譎，變得深不可測。

魚玄機到底是怎麼樣的一個女子？讓我們把目光投向一千多年前的大唐時代。

一

泱泱大唐，詩風興盛，能詩者遍及朝野內外：帝王將相、文人墨客詩情橫溢；垂髫老人、三尺童子恥不知書；就連妃嬪貴婦、閨閣英秀、尼姑女冠、倡優婢女也錦心繡口，薰染了重文習詩之風。

唐朝不僅是詩歌的黃金時代，也是一個女性的黃金時代。她們的青春與熱情、她們的美麗與才華，在唐朝那個特殊時代常常爆發出耀眼的光華，在歷史記憶中留下遙遠的迴響。其中三大女冠詩人魚玄機、李冶、薛濤更是獨樹一幟。又以魚玄機的一生最為傳奇，「色既傾國，思乃入神」，被明代文人鍾惺譽為「才媛中之詩聖」。

魚玄機，女，晚唐詩人，長安（今陝西西安）人。初名魚幼微，一字蕙蘭。約出生於唐武宗會昌四年（西元八四四年），卒於懿宗咸通九年（西元八六八年）。元代辛文房所著《唐才子傳》稱：魚玄機「性聰慧，好讀書，尤工韻調，情致繁縟」。她是中國文學史上有名的女冠詩人，與李冶、薛濤、劉採春並稱唐代四大女詩人。明代文學家鍾惺在《名媛詩歸》中這麼評價魚玄機的作品：「絕句如此奧思，非真正有才情人，未能刻劃得出，即刻劃得出，而音響不能爽亮……此其道在淺深隱顯之間，尤須帶有秀氣耳。」施蟄存評其詩「功力在薛濤之上，與李冶不相上下」。

魚玄機有《魚玄機集》一卷。其事蹟見之於《三水小牘》、《北夢瑣言》、《唐才子傳》等書。魚玄機詩作現存五十首，收於《全唐詩》。由曹寅、彭定求奉旨編制、成書於康熙年間的《全唐詩》收錄唐五代詩四萬八千九百多首，作者兩千二百餘人，共計九百卷。其中收錄的女詩人雖有百餘人，但絕大多數人的作品僅為一兩首，甚是殘章斷篇，單獨成卷的只有三位，魚玄機便名列其中。不僅如此，元代辛文房的《唐才子傳》中亦為魚玄機作傳，可知其才華熠熠。

由於相關史料少，魚玄機的身世便更顯撲朔迷離。除了上文提到的史料，還有與魚玄機多有詩文交往的溫庭筠等人的作品也具有一定的史料價值。本書即根據這些有限的史料或線索加工而成，也存在個別合理演繹的成分。

二

魚玄機的人生充滿了悲劇色彩。她的一生不見於正史。根據有關歷史筆記文獻以及歷代對魚玄機的研究與考證，關於魚玄機的史實有四點得到了廣泛認同：

一是魚玄機是晚唐時期著名女詩人，字幼微，約生於唐武宗會昌四年（西元八四四年），約卒於唐懿宗咸通九年（西元八六八年）。少女時代的魚玄機即詩名遠播，並深得溫庭筠賞識和教誨，「復與溫庭筠交遊，有相寄篇什」。

二是魚玄機及笄（十五歲）後被狀元李億收為外宅小妾，後因正妻不容而被拋棄，「隸咸宜觀女道士」。在被李億拋棄到正式成為道士之前，魚玄機為了追尋夫婿，曾經在陝西、河南、湖北等地漫遊。

三是在咸宜觀成為女道士後，魚玄機頻繁參加士大夫等組織的集會和宴請活動，成為社交界的活躍人物。如《三水小牘》中說道：「咸通初，遂從冠帔於咸宜，而風月賞玩之佳句，往往播於士林。然蕙蘭弱質，不能自持，復為豪俠所調，乃從遊處焉。於是風流之士爭修飾以求狎，或載酒詣之者，必鳴琴賦詩，間以謔浪，懵學輩自視缺然。」《唐才子傳》卷八說：「時京師諸宮宇女郎，皆清俊濟楚，簪星曳月，唯以吟詠自遣，玄機傑出，多見酬酢云。」

四是因妒忌笞殺其婢女綠翹而被判處極刑。

這四點確鑿的史實，就構成了本書寫作的主線和基本框架。應該說，詩人魚玄機是唐代女詩人中執著追逐愛情的突出者，也是一位自覺意識到自我價值的女性。在她短暫而悲涼的一生中，魚玄機始終追求一份真摯的愛情，嚮往幸福的生活。

三

據《北夢瑣言》云：「唐女道士魚玄機，字蕙蘭，甚有才思。……為李億補闕執箕帚。」魚玄機及笄後，嫁為李億的外宅妾室。

魚玄機和李億曾經情愛深篤。為了尋找宦遊在外的夫君李億，魚玄機曾長途跋涉，從陝西長安到湖北江陵、鄂州，與李億隔江而居，時常相會。後來又相伴夫君前往山西為河東節度使劉潼的幕僚，可謂是一路苦苦追隨夫君。這期間，魚玄機寫下了很多詩篇，記錄了她的所見所聞，表達了其對愛情的堅貞不移。

然而事不遂願，因為李億正妻執意不容她，魚玄機最終不得已到長安咸宜觀做了女道士。隨著時間的推移，李億逐漸將玄機遺忘，曾經的旦旦信約化為烏有。而玄機對李億卻一往情深，她把內心的情感轉化成情真意切的詩句：「憶君心似西江水，日夜東流無歇時」，「如松匪石盟長在，比翼連襟會肯遲」……

哪怕身處道觀，她的內心終難清淨。「人世悲歡一夢，如何得作雙成。」人的情感是與生俱來的東西，它既根源於人性的本能，又凌駕於人的本能之上。成為人性中美麗崇高的精神核心，成為人生得以附麗、追求之所在。這種感情上的執著和真摯正展現了魚玄機女性自我意識的覺醒、對美與真的追求。

然而，在一個以男性為中心、以儒家倫理學說為尺度為標準的世界，像魚玄機這樣的女詩人，常常處於一種難以與他人對話的孤立狀態。「自恨羅衣掩詩句，舉頭空羨榜中名。」這是她看到及第舉人金榜題名時的感嘆。一個女人哪怕再有才華，也與科舉無緣。在那樣一個講究女德的社會裡，也沒有多少女子會將作詩為文當作追求的目標。可見，魚玄機的自我期許一開始就與眾不同。

當她把愛情當作生命的支撐時，愛的玫瑰卻在冷風中飄零成塵，她的一生好似無處可棲的雲朵孤獨漂泊。「易求無價寶，難得有心郎」，「門前紅葉地，不掃待知音」，這些詩句表達了她渴望真正愛情的心聲。然而，無人知道她的價值，無人珍愛她的情感與生命。魚玄機的精神世界就是一個生與苦、情與愁、探索與超越交織的、充滿憂患的世界。

正是在這樣長期壓抑的悲苦心境下，魚玄機開始了一個女人的絕地抗爭——「自能窺宋玉，何必恨王昌」。她以女道士的身分豔幟高張，打出了「魚玄機詩文候教」的旗幡，與長安城裡的文人墨客們詩文酬唱，也與達官貴人、富賈士紳廣泛交往。同時，她也不再視清規戒律為聖物，而是選擇了自我放逐，追求身心的自由。這期間，先後有李近仁、左名場等人和她密切交往。在她這一時期留下的詩篇中，多有「多情公子春留句，少思文君晝掩扉」，「焚香出戶迎潘岳，不羨牽牛織女家」，「西看已有登垣意，遠望能無化石心」等這樣的詩句，調子也開始顯得輕鬆明朗，甚至纏綿悱惻。

然而，一個偶然的突發事件讓她墮入萬劫不復的深淵——因為懷疑侍婢綠翹與自己的一位相好有染，魚玄機怒極之下竟失手將她打死。隨後，她被京兆尹溫璋以打死婢女之罪處死。

「安能追逐人間事，萬里身同不繫舟。」從天真爛漫、多情多才的里家女到沉迷愛情、閒情雅趣的外宅婦，再到咸宜觀裡的女冠道士，最後成為一個因妒殺婢的階下囚。紅顏才女的生命傳奇如一爐沉香，在人世浮華的摧折中就這樣燃到了盡頭。

傳說，世間有種很美的彼岸花。紅色彼岸花叫做曼珠沙華，寓意是無盡的愛情、死亡的前兆、地獄的召喚。白色彼岸花叫做曼陀羅華，寓意是無盡的思念、絕望的愛情、天堂的來信。它們的美是一種妖異、災難、死亡與分離的不祥之美，是無與倫比的殘豔與酷烈的唯美，也很淒涼。

據說它是一種不曾受到祝福的花。正如某些感情不受祝福一樣，儘管也很美。有人說，一千年前的魚玄機就是這樣的彼岸花，開得火紅一片，帶著致命的誘惑引向死亡。她卻倔強不入輪迴，只是冷眼看這世間。

四

一千多年來，魚玄機並不缺乏同情者。

一位同樣主張女性權利的當代女詩人翟永明，從魚玄機的詩篇和悲劇命運中看見了女性意識萌發的光亮，找到了千年前的思想知音，激起了內心的深深共鳴。她為魚玄機一口氣寫了五首詩。其中一首〈魚玄機的墓誌銘〉這樣寫道：

這裡躺著詩人魚玄機
她生卒皆不逢時
早生早死八百年
寫詩　作畫　多情
她沒有贏得風流薄倖名
卻吃了冤枉官司

別人的墓前長滿松柏
她的墳上　至今開紅花
美女身分遮住了她的才華蓋世
望著那些高高在上的聖賢名師
她永不服氣

甚至，後世還有一首流行歌曲〈魚玄機〉，由帥小天作詞、巫灩灩演唱：

海棠春睡　梅妝惹落花
悠悠一抹斜陽　吹尺八
榻上青絲　淚染了白髮
秋心入畫
舊日的傳奇都作了假
捨得罵名　卻捨不得他
緣來冥冥之中　放不下
玄機如卦

紅塵一剎那　這一世的繁華
不過由春到夏
由真變作了假　造化終虛化
人間豈能安得　雙全法
也許此去經年忘了也罷
只不過是一句了無牽掛
咸宜觀詩文候教的風雅
為誰作答
似夢非夢恰似水月鏡花
長安不見長把相思念啊
為何我又偏偏遇上了他
咫尺天涯
……
似夢非夢恰似水月鏡花長安不見長把相思念啊

為何我又偏偏遇上了他
枉自嗟嘆呀
也許冥冥中洗淨了鉛華
我又是那一塊美玉無瑕
易求善價難　得有情啊
如此說法其實玄機不過這句話　懂嗎

愛有玄機，夢有玄機，命有玄機。她的一生就充滿無數這樣的玄機，讓後來人為之沉醉如痴。

〈商山早行〉溫庭筠

晨起動徵鐸，客行悲故鄉。
雞聲茅店月，人跡板橋霜。
槲葉落山路，枳花明驛牆。
因思杜陵夢，鳧雁滿回塘。

第一章 「里家」少女：溫庭筠筆下的初遇

那個時候，她還不叫魚玄機，而叫魚幼微，是長安城中一個天真爛漫、早慧聰穎的「里家女」。所謂「里家女」，就是坊里人家的女兒。

長安城，平康里

由於年代久遠，史料缺乏，今天我們認識魚玄機常常如霧裡看花，總會遇到一個又一個謎團。魚玄機的姓名、出生年代、家世等問題都可能出現記載不一、無從判斷的情況。

關於魚玄機的姓名，就是我們遇到的第一個問題，文獻記載有些不同。晚唐皇甫枚《三水小牘》中說魚玄機字「幼微」，宋孫光憲《北夢瑣言》說魚玄機字「蕙蘭」。後人不知誰是誰非，無法取捨。然而古人名與字都有某種程度上的關聯，「玄機」意為深奧玄妙，「幼微」意同幽深微妙，即二者有意義上的連繫，故皇甫枚的說法較為可信。

不過，有人認為「玄機」更可能是其入道後所取的法號，因此在出家前以「幼微」為名，以「蕙蘭」為字更為合理，「幼微」與表字「蕙蘭」形成某種意義上的互文。今天看來，這是一個天真、溫暖、美麗又有點可愛的名字。

魚幼微，字蕙蘭，長安（今陝西西安）人。魚姓是商湯的後裔，始祖是宋桓公的庶長子公子目夷，字子魚。子魚的後世子孫有一支以先祖的字為姓，是為魚姓。唐代魚姓的名人有魚朝恩等。

而魚玄機的生平就像她的名字一樣充滿了玄機和祕密，在新舊《唐書》中沒有關於她的記載。關於她的出生年代，大多數人認為約為唐武宗會昌四年（西元八四四年）。

關於她的身世，有說她生於長安城郊一位落拓士人之家，也有記載說她出身於娼門之家。唐人皇甫枚《三水小牘》載：「西京咸宜觀女道士魚玄機，字幼微，長安里家女也。」，「里」乃唐代長安城的居住單位。有「五家為鄰，五鄰為里」的說法。「里家女」自然是指住在裡坊的居民家的女兒。長安城有平康裡，位於長安城北，也稱「北裡」，是魚玄機早年的住處。但在《三水小牘》十九世紀重印的版本裡，「長安里家女」就被改印成了「長安娼家女」。顯然，這是後人想當然的一處改動，或是因為對魚玄機的偏見使然。從魚玄機詩作和個性氣質來看，似乎出身於家道中落的士子之家更合情理。

正是基於這些，我們大致可以勾劃出魚玄機早年生活的一些軌跡。

魚幼微生於唐武宗會昌四年（西元八四四年）。她生活的年代正是晚唐時代，帝國早已是江河日下，危機四伏。然而，長安依舊繁華，詩意十足。那個時候，晚唐詩壇依然矗立著杜牧、劉禹錫、李商隱等一些非凡的人物。

據說，魚幼微父親早年飽讀詩書，卻一生功名未成，便把心思都放在對寶貝女兒的栽培上：培養她讀書寫字，吟詩作賦。小幼微五歲便能背誦數百首詩詞，七歲開始學習作詩。

魚幼微小小年紀便展露了不凡的文學天賦，她的一些清新雋永的詩作常常引起人們的讚嘆和傳抄。到了十一二歲的時候，她的詩名便在長安的文人間傳開，她被人們稱為「詩童」。

在人們眼裡，這魚幼微不僅粉妝玉琢，聰明伶俐，讓人很喜歡。而且文思靈動，妙句迭出，讓人們都不禁讚嘆她真是才貌雙全。很快，這個天才少女便成為父親的驕傲，時常被父親牽著去拜訪一些名家大老，希望得到指教和評點。

正如張愛玲所說的「出名要趁早」，世人的讚美，父親的寵溺，難得的天賦，讓魚幼微展現出與那些千金小姐不同的氣質。正所謂「天生麗質難自棄」，她內心的驕傲雖不外露，卻漸漸化作她自信好強的個性。

然而不久，魚幼微就猝不及防地遭受了人生的第一次打擊。累試不第、鬱鬱不得志的父親竟然一病不起。魚幼微和母親天天為臥病在床的父親端茶送水，煎藥熬粥。後來父親病勢日漸沉重，竟撒手而去。

當父親嚥氣的那一刻，魚幼微感到了一種天崩地裂般的絕望。父親的去世讓她頓失依靠。是的，失去了從小愛她、寵她，教她讀書識字、吟詩作賦的父親，年幼的魚幼微感到人生的天空坍塌了一角，久久沉浸在悲痛中。

然而，生活還要繼續。魚幼微和母親相依為命，住在長安城的繁華紅塵平康裡。

《北里志》有云：「平康，入北門，東回三曲，即諸妓所居。」

平康裡位於長安城北，是當時長安城秦樓楚館聚集的地方。朱門金漆、畫棟雕梁，空氣中彷彿都久久飄浮著脂粉香氣。只有長街深處魚家這一處院落窮酸破落，顯得格格不入。魚家母女在這裡靠著替附近青樓做些針線和漿洗的工作來勉強維持生活。

魚幼微與那些能歌善舞甚至能詠詩吟賦的歌女們也時常往來，聽到了很多流傳在長安城裡的傳說。那個時候，少女魚幼微常常站在院門外，黃昏裡望著平康裡街上民居家油燈和蠟燭的光透過窗紙，星星點點，朦朧昏黃。只是這平康裡透著幾抹緋紅色。

夜幕下的長安城看起來高大恢宏，遠方高聳的灰白色城牆，還有那金碧輝煌的禁城皇都，那些滿城飛舞的柳絮，漸漸都顯得模糊不清，遙不可及。

對魚幼微來說，長安城是如此宏大，十二條大街縱橫南北東西。她記得大詩人白居易有詩說：「百千家似圍棋局，十二街如種菜畦。」長安一百一十坊，坊與坊之間有圍牆分隔，各設幾道坊門，夜深關閉。魚玄機生於平康裡陋巷之中，自小在深巷中嬉戲奔跑，對這裡的各式街巷諳熟於心。

這天，她在平康裡街邊漫步，看到一位賣花老人手握幾束已快凋殘的牡丹花。據老人說，這花不是一般的凡品，而是貢品花。因價錢太高，一般人不願買。可是賤價賣又要虧錢，所以只好任它凋殘了。魚幼微聽了老人的話十分好奇，歪頭仔細看著這些牡丹，不覺心生歡喜。老人見她喜歡，就摘下一朵送給了她。魚幼微高興道地了聲謝，接過那朵牡丹花，仔細地將它戴在頭上，快活地跑開了。

魚幼微回到屋裡，取下頭上的牡丹花，默默看了許久。這牡丹花本應是高品貴種，卻流落這平康裡的街頭，漸次凋零，多麼像心比天高卻身居陋巷的自己。一種同病相憐的感受瞬間點燃了這個長安少女的靈感與熱情，從靈魂到肌膚。

她取出紙筆來，略一思索，寫成一首七律〈賣殘牡丹〉：

臨風興嘆落花頻，芳意潛消又一春。
應為價高人不問，卻緣香甚蝶難親。
紅英只稱生宮裡，翠葉那堪染路塵。
及至移根上林苑，王孫方恨買無因。

詩中說，她看見花在風中凋殘，讓人不禁臨風興嘆：又一個春光明媚的花季要結束了，這花原本是生在禁宮裡的非凡之品，卻不幸因價錢太高無人問津。於是這樣嬌美貴重的花卉就只能跟著自己流落到這長安的偏街陋巷。真是可嘆可憐！如果它能生長在上林苑裡，那些公子王孫們恐怕都難得一見。

牡丹一直被譽為花之皇后，是花中的尊貴者。在唐代，長安和洛陽的人們特別喜愛牡丹。暮春時節，牡丹到處綻放，到處被售賣。詩中處處寫牡丹花的美麗、芳香，寫它的紅英與翠葉，寫出一種高尚品性，一種高貴格調；處處又似乎在寫人，寫一種女性的精神氣質。詩中稱這牡丹「只稱生宮裡」和「那堪染路塵」，分明是以花喻人，表達了魚幼微對自我的期許，對未來的憧憬。

因此，說這首詩表達了她內心深處的一種自戀自重情結也不為過。真可謂是「天生麗質難自棄」。

儘管家道落拓貧困，甚至如今落到家徒四壁的地步，她仍然堅持讀書和寫詩。那些父親留下來的書籍是她最心愛的寶貝。那些《楚辭》、《詩經》，那些樂府和辭賦，給她的精神世界最美妙的滋養和最溫情的呵護，也維繫著她內心深處最後一份自尊和高貴。

是的，儘管貧困、粗俗的底層生活環境包圍著這個小女孩，她的才華卻沒有被這清貧困苦所磨滅，她依舊孤傲清高，光彩奪目。魚幼微一時名滿長安，甚至招來了很多慕名的來訪者。

其中最為被人們稱道的，便是名動京城的大才子溫庭筠。

初相知，「溫鍾馗」

自打平康裡有了青樓，也就有了才子文人、富家公子。他們來到平康裡，成為平康裡不可或缺的一部分。

晚唐時代，書法、繪畫、音樂、戲曲、傳奇小說、街頭表演、服飾時尚、章臺歌舞，連同建築藝術、器物製作、體育活動、節慶遊戲等都頗為可觀。而從舞榭青樓間飄出的花間詞越發引起人們的喜歡和關注。花間派詞人溫庭筠、韋莊等亦成為引領時尚的人物。

而溫庭筠詩詞造詣深湛，堪稱「花間詞派」的祖師爺，是花間詞的類型風格和詞體的奠基者，影響整個詞史上的主流詞風。後世對溫庭筠評價極高：「唐代詞人，自以飛卿為冠」，「自唐之詞人，李白為首……而溫庭筠最高」，「飛卿醞釀最深，故其言不怒不懾。備剛柔之氣，針縷之密」，「溫詞極流麗，宜為《花間集》之冠」。

溫庭筠筆下那些美麗的文字，一時風靡長安、洛陽這些繁華都市的歌樓舞館，帶給晚唐那些青春兒女一縷縷溫馨的夢想。溫庭筠的詞集也成為很多深閨女子的枕畔常備之書。

不得不說，溫庭筠是描畫女性之美的天才詞人。

在他的筆下，唐朝女子總是那麼華麗高貴、氣質雍容，是那樣明豔照人，令人心旌搖盪：額點蕊黃，眉畫遠山，珠翠明璫，輕紗綺羅，水晶簾中閒臥，鴛鴦錦裡夢迴……溫庭筠用綺麗繁密的筆調描寫她們，描寫她們的容貌、她們的體態、她們的心理、她們的服飾、她們所居處的環境。她們的形象斑斕而又明亮，閃動著金玉與錦繡般的光華。

溫庭筠的詞也有對古典愛情最精緻、最深切的描述。大唐女人的愛情在他的筆下被描繪得淋漓盡致，悠遠深長。有深沉綿長的思念：「梧桐樹，三更雨，不道離情正苦。一葉葉，一聲聲，空階滴到明」；有直白大膽的傾訴：「偷眼暗形相，不如從嫁與，作鴛鴦」；有春宵一刻的風情：「欹枕覆鴛衾，隔簾鶯百囀，感君心」……這些唐朝女子是一群憧憬愛情而又被愛情折磨的人，相思斷腸、念遠盼歸是她們生活中最重要的內容。這些由溫庭筠創造的美麗而哀怨的形象，成為整個晚唐的典型、鮮明的藝術形象，震撼無數讀者的心靈。

隨著那些絃歌之聲，那些花間才子們的大名也不時飄入魚玄機的耳畔。那些濃豔美麗的詞，在少女魚幼微心目中成為一個溫情脈脈的美麗神話，一座神祕而美妙的古典愛情花園。讀過溫庭筠那些美麗玲瓏的文字，這個青春少女的內心充滿了對這個風流才子的仰慕與神往。

從極為有限的歷史資料來看，在魚玄機的詩集中有不少是寫給溫庭筠的，有的詩題就是〈寄飛卿〉之類。顯然他們關係十分熟絡，甚至比較親密。在魚玄機所交往的朋友中，溫庭筠又是名氣最大、對後世最有影響的人物。這也就是為什麼在今天關於魚玄機的文學影視作品中，常常少不了溫庭筠這一重要角色。

魚幼微和溫庭筠最初是如何開始交往的，我們無法準確判斷。但是，溫庭筠科舉落第後常常混跡青樓，而魚幼微的家就在青樓林立的平康裡。魚幼微少時即有詩名在外，完全可能和溫庭筠在平康裡相遇相知。

最初，魚幼微知道溫庭筠這個名字，也許是從歌樓舞館的那些女孩子口中聽來的。今天我們可以想像當時的畫面：那些平康裡青樓的歌女們，常常被宰相令狐綯的兒子令狐縞、裴度的兒子裴等一些紈褲子弟招去旗亭勸酒。而在那一批人中，常常會有個放浪不羈、才氣出眾的人。在那些歌女們眼裡，這個人其貌不揚，整日衣衫不整。那些同來同往的貴公子們都不稱他的名字，直叫他「溫鍾馗」！這些家世不凡的貴公子們大都是輕裘肥馬，輕狂傲慢，但這「溫鍾馗」在他們面前卻毫無卑下、恭維之舉。到酒酣耳熱時，那「溫鍾馗」卻老大瞧不起那些貴公子，發起酒瘋常常狂呼怒罵。而貴公子們似乎都知道他脾性，不以為意。

有時，「溫鍾馗」興致極高，叫來歌女用琴笛伴奏，自己高歌一曲，唱詞新鮮雅緻，而且一板三眼，非常合拍。歌女們見這個滿臉絡腮鬍、外號「鍾馗」的人頗是不俗，於是一個接一個圍在溫鍾馗的身邊，聽他歌唱，和他親近。有時溫鍾馗借了她們的琴和笛子，親自彈上一曲，或者吹奏一段，吹彈技法十分精熟，竟也不是她們所能及的。

歌女們驚嘆之餘，心生敬佩，也許常常在魚幼微面前講到這個溫鍾馗的奇人奇事。魚幼微逐漸得知：那個溫鍾馗就是當世才子溫庭筠，本名岐，字飛卿，太原（今山西太原西南）人，排行十六。據說是唐初宰相溫彥博之後，也算是出身名門了。因他面貌奇醜，人們又叫他「溫鍾馗」。幼時隨家裡客居江淮，後定居於鄠縣（今陝西戶縣）郊野，靠近杜陵，所以他自稱為「杜陵遊客」。

與令狐縞、裴等貴胄子弟相熟後，溫庭筠的交遊範圍擴散到內廷，竟然與莊恪太子混在一起。莊恪太子是唐文宗的長子，生母是德妃。太子生母王德妃姿貌不過中人，唐文宗不喜，故而素來失寵。深受寵愛的楊賢妃很妒忌王德妃生了太子，朝夕進讒言，對唐文宗言太子短處。久而久之，唐文宗有了廢太子的念頭，但由於群臣的壓力，唐文宗不便決議。不過常常緊隨在莊恪太子身邊的數十人卻倒楣了，或被殺掉或被驅逐。幸好溫庭筠屬於被逐的那幾個人，而免去殺身之禍。

要是細細算來，這個溫庭筠可是響噹噹的晚唐大才子。他從小就「敏悟，天才雄贍，能走筆成萬言，善鼓琴吹笛」，自稱「有弦即彈，有孔即吹」。鄉試過後，去江淮散蕩，流連酒肆，以寫豔曲出名。《北夢瑣言》說溫庭筠「才思豔麗，工於小賦，每入試，押官韻作賦，凡八叉手而八韻成」。「八叉手而八韻成」，是什麼意思呢？在考場裡應試，他只要把兩手張開，在胸前交叉八次這麼短的功夫，一首八韻詩就大功告成。所以人家就送他一個外號叫「溫八韻」，又稱他「溫八叉」。

據說他學識頗為深厚，擅長詩詞對聯。有一次唐宣宗賦詩，上句有「金步搖」，溫庭筠很快就以「玉條脫」對之；再出「白頭翁」，溫庭筠就來對個「蒼耳子」。這對仗也極工穩，引來人們一片讚嘆之聲。唐宣宗頓時龍顏大悅，當即下旨予以賞賜。

溫庭筠與李商隱齊名，並稱「溫李」，他們的詩是晚唐主流詩風的代表。溫詩的特點是「清婉精麗」，他的〈商山早行〉很有名氣：

晨起動徵鐸，客行悲故鄉。
雞聲茅店月，人跡板橋霜。
槲葉落山路，枳花明驛牆。
因思杜陵夢，鳧雁滿回塘。

其中一句「雞聲茅店月，人跡板橋霜」，成為不朽的名句。相傳，宋代大儒歐陽脩讀到這一聯，欽佩不已。歐陽脩曾自作「鳥聲茅店雨，野色板橋春」，但寫出來之後才知道，這意境無論如何也達不到溫詩的境界。

然而，這位胸藏錦繡、才情卓異的溫庭筠卻生性倨傲，行為不檢，且不尚時俗，以致屢試不第。最終他絕了登第之念，走進長安城平康裡的玉館青樓，開始了「逐弦吹之音，為側豔之詞」的風流浪子生涯。

《舊唐書．溫庭筠傳》中，溫庭筠「士行塵雜，不修邊幅，能逐弦吹之音，為側豔之詞」。說他懂音樂，熟悉管絃吹奏，專門寫一些不正經的香豔的詞，這些詞不過是淫詞豔曲而已。他是個浪子，多次參加考試，就是不中，一生都沒有考取進士。他還經常寫文章諷刺時政，所以屢受排擠，仕途蹭蹬，一直不甚得意。直到晚年才做過幾天隋縣尉、方城尉、國子助教一類的小官吏。溫庭筠一生不得意，以詩詞消遣。他不受拘束，縱酒放浪，一生坎坷，終身潦倒。《唐才子傳》云「竟流落而死」，最終鬱悶而死，晚景十分淒涼。

當然，這些已是後話。

每當那些歌女們從令狐家的宴會散席回來，魚幼微總要問起那位溫庭筠。而歌女們每次和溫庭筠見面時，也總要在他面前提起長安城有名的「詩童」魚幼微。時間長了，溫庭筠也知道了魚幼微的情況。才高而清狂的溫庭筠也對那個工詩又聰穎的美少女產生了好奇心。

魚幼微與這位晚唐才子的相遇，正是在他經常出入長安平康裡青樓歌館的那段日子。

美少女，魚幼微

後世的人們常常將溫庭筠與魚玄機連繫在一起，其實並非沒有道理。魚玄機詩集中的多首詩都是寫給溫庭筠的，詩題中往往就提到是寄給「飛卿」。她居然直接稱呼這位前輩的字，顯得親密而隨意。這本身就是一件耐人尋味的事。所以，我們不妨沿著這樣的思路想像一下他們初次相見的場景：

那是一個楊柳吐翠的春季，整個長安城顯得溫婉可人。平康裡的桃花紛紛飄落，一個貌似鍾馗的男人向這裡走來。

在一排青石長巷中的破舊小院落裡，他從半掩的窗一眼瞧見了擺放齊整的筆墨紙硯。不用說，這裡就是傳說中那位「詩童」魚幼微的家。

自父親亡故以後，母親身子一直病弱，魚幼微便早早操持起家務。就在低矮陰暗的魚家院落中，一株紫薇樹立於窗下，花瓣正漸漸凋謝。

那中年男子來到魚幼微家中。這時，魚幼微還不滿十三歲，但生得活潑靈秀，肌膚白嫩。那男子不由一愣：「難道你竟是人稱『詩童』的魚幼微？」

魚幼微歪著腦袋笑問：「莫非你就是『溫鍾馗』？」

「嗯，我就是溫庭筠，人們又叫我『溫八叉』。」他仰身做了個叉手的滑稽動作，呵呵一笑。午後的陽光斑駁地落在他的肩頭，讓他的笑容溫暖而富有感染力。

女孩咯咯笑著，她覺得這個人有趣極了。兩個互相好奇的人終於見面了。

溫庭筠可憐這女孩委身在窮街陋巷，周遭又是這等燈紅酒綠、龍蛇混雜。她宛如一塊璞玉尚未雕琢便陷落泥淖，真是令人嘆息。溫庭筠略一沉吟，委婉地說明了自己的來意，並請小幼微即興賦詩一首，想試探一下她的才情。

魚幼微看著眼前這個面似鍾馗的男人，一雙水光盈盈的大眼睛泛著感動：他竟是專門來找她的，而且他就是自己仰慕已久的溫庭筠。這讓小小的魚幼微心底感到一絲快樂和激動！

讓溫庭筠想不到的是，這小幼微在陌生人面前顯得落落大方，請客人入座後站在一旁，眨著大眼睛請客人出題。溫庭筠想起來時路上，正遇柳絮飛舞、拂人面頰之景，於是便以「江邊柳」為題。

在唐時的人們眼裡，柳樹是一種屬於春天的生命。當二月春風悄悄地掠過尚未甦醒的川原，那些婀娜柔細、長條披拂的柳樹好像長髮披肩的青春美少女，風姿綽約地站在晴朗的天空下，搖曳多姿、嫵媚多情，就如同一群輕歌曼舞的女子站在江邊！

魚幼微以手托腮，略作沉思，便賦詩一首〈賦得江邊柳〉，雙手捧給溫庭筠評閱：

翠色連荒岸，煙姿入遠樓。
影鋪秋水面，花落釣人頭。
根老藏魚窟，枝低系客舟。
蕭蕭風雨夜，驚夢復添愁。

多麼優美的景象：翠綠的柳樹在荒岸邊綿延，透過如煙柳絲隱約能看見遠方的高樓。岸邊柳樹的倒影鋪在水面，隨波蕩漾，飛揚的柳絮飄落在垂釣人的頭上。柳樹的根深深藏在水底，成了魚的棲息處，低垂的柳枝繫住了客子之舟。風雨瀟瀟的夜晚，從夢中驚醒又增添幾許憂愁。

這首詩足見小女孩遣詞造句的基本功頗不俗。「翠色連荒岸，煙姿入遠樓」起得不俗，眼界開闊曠遠，以「煙姿」形容柳枝飄拂搖曳的姿態，堪稱美妙。「影鋪秋水面，花落釣人頭」則對仗工整，靈秀精巧，畫面感頗強。

溫庭筠連聲稱讚魚幼微的才思靈秀。不過，接下來他眉頭微蹙。「根老藏魚窟，枝低系客舟」轉得略感突兀，意境陡然一變。老樹可作魚的棲息之窟，柳枝能繫住客舟，但那是暫時的，客舟終要遠行。這些詩句隱隱地透出了這個小女生未來的命運：這蒲柳也許意味著她難免以色事人。而末句「蕭蕭風雨夜，驚夢復添愁」則頗有些不祥之感。風雨之夜，江邊的柳枝引起人心頭的離愁，迷茫中找不到人生歸宿，無枝可棲。小小年紀，何出此言？他心頭不免一驚。這無疑是個可怕的訊號，難道預示了魚幼微的人生或許更多是場悲劇？

這倒不是多慮。在唐代素有「詩讖」之說。如唐代另兩位才女李治和薛濤，她們都以詩著名。李治五六歲時，在庭院裡作詩詠薔薇：「經時未架卻，心緒亂縱橫。」她父親生氣地說：「此必為失行婦也！」後竟如其言。薛濤的故事更有名，她八九歲就知聲律，其父指著井裡梧桐詠詩：「庭除一古桐，聳幹入雲中。」小薛濤應聲道：「枝迎南北鳥，葉送往來風。」也讓她父親黯然了許久。這兩個女人最終都成了形態不同的風塵女子。早年的詩果然都成為她們命運終局的讖語。

其實，溫庭筠自己就是早慧的天才詩人，八歲時就有「神童」之譽。少年時期便已天才雄贍，詞氣英發，能在很短時間內寫成洋洋數萬言的文章。如今看到這小小幼微詩才出眾，也許當下便起了憐才惜才之心。像魚幼微這樣天生麗質、冰雪聰明的女孩，應當生活在雕欄玉砌、珠簾繡戶的紅樓香閣裡；應該有快樂的童年，對未來有美好的憧憬和嚮往。他知道自己無法徹底拯救這個才華出眾的女孩，但起碼要讓她看到一絲光明，升起對生活的希望，要讓她的心靈在優美典雅的文字修行中向上昇華，不致就此在貧困和粗俗的物質世界中沉淪乃至毀滅。

一度潦倒的溫庭筠深受貧賤之苦。他深知貧賤其實是條陰險的毒蛇，能夠吞噬任何高尚美好的心靈，摧毀優雅的生活態度。每次到魚幼微家裡，他總不忘送來幾本不易購得的書籍給魚幼微，留下一些銀兩讓母女倆買些糧米。在看過幼微的詩作後還要評點幾句，點撥一二。有時還帶著小幼微去拜訪一些當世的名流學者，請他們點評一下她的詩作。

魚幼微的詩名，仍然像星光一樣在晚唐詩壇的天空瑩瑩閃爍。

其實，那時的魚幼微並不知道，將來還會有一個叫做皇甫枚的男人會不吝筆墨地讚美她「色既傾國，思乃入神」。試問，世上還有比這八個字更能絕妙地讚美一個秀外慧中的女人嗎？

皇甫枚，字遵美，邠州三水（今陝西旬邑北）人。後世的人們正是藉助他所著《三水小牘》中的文字，才走近了大唐才女魚玄機。皇甫枚比魚幼微年長幾歲，當時正居住在長安城的蘭陵裡。與魚玄機後來出家的咸宜觀所在的親仁坊相去不遠。完全可以想像，皇甫枚既目睹過她最美豔的風采，更熟讀過她筆下的那些芬芳文字。

最終，魚幼微就以這樣一個貌美傾國、驚才絕豔的形象，永遠留在大唐的青史上。

自兩人熟絡以後，魚幼微執意只稱溫庭筠的字。飛卿，飛卿，她這樣叫著，他竟也允應了。天真頑皮的少女魚幼微經常不顧大小尊卑地捉弄他、糾纏他。他也開心地哈哈大笑，十足的性情中人。

溫庭筠與魚幼微的關係既像師生，又像父女、兄妹、朋友。那些年，他陪著她一起成長。

她知道他為人狂放不羈，一味縱酒行樂，填詞湊樂，其實內心壓抑了許多苦楚，不為外人所知。且因與令狐綯和李商隱等人往來密切，多年來受牛李兩黨爭鬥牽連，屢受壓制。唐宣宗大中九年（西元八五五年），溫庭筠又去應試。這次應試是沈詢主持春闈，溫庭筠卻由於攪擾場屋，弄得滿城風雨。事件起因是溫庭筠「每歲舉場，多為他人假手」，即他代別人作文章，因此有「救數人」的綽號。沈詢得知後，在這次考試中就將溫庭筠特別對待，召溫庭筠於簾前試之。溫庭筠因此大鬧起來，擾亂了科場，此事一時轟動京城，溫庭筠自然更與功名無望。據說這次雖有沈詢嚴防，但溫庭筠還是暗中幫了八個人。

此後，溫庭筠因攪擾科場被貶隋縣尉，山東道節度使徐商留他為從事，署巡官，去了襄陽。少女魚幼微聞中聞知，心情竟是無比低落與惆悵。

她獨自一人跑到江邊的柳樹林裡，望著空空江面上的斜陽晚霞、流水昏鴉，不禁惘然若失，淚眼矇矓。在黃昏的孤寂與惆悵中，她寫了一首〈折楊柳〉寄給了遠方的溫庭筠：

朝朝送別泣花鈿，折盡春風楊柳煙。
願得西山無樹木，免教人作淚懸懸。

古人送別有折柳相送的習俗。女子送別尤易動情，往往折柳相送時會淚流滿面。魚幼微在這裡卻說，她寧願這長安西邊的送別山路上沒有柳樹，以免總讓人做出含淚相送的樣子來。

好在，遠在他鄉的溫庭筠並沒有忘記這個女弟子，仍然和魚幼微詩詞唱和不斷，書信往來極是密切。

秋風涼，瑤琴怨

秋涼葉落時節，魚幼微思念遠方的故人，寫下一首五言律詩〈寄飛卿〉：

階砌亂蛩鳴，庭柯煙露清。
月中鄰樂響，樓上遠山明。
珍簟涼風著，瑤琴寄恨生。
嵇君懶書札，底物慰秋情。

這是在秋夜裡的思念。一個女孩子望月彈琴，寄託思念。然而，女孩所思念的那個人卻懶於書札，久無回信，讓女孩子一顆素心無處安放。

溫庭筠雖然對魚幼微十分憐愛，但一直以師生或朋友相待。而情竇初開的魚幼微，早已把一顆春心暗繫在溫庭筠身上。這種情感不是友誼，更不是親情，而是對亦師亦友的溫庭筠生起一種無法言說的依戀。她已經習慣了他在自己生活中的存在，他代表了生活中最精緻、最美好的詩意。

這首詩寫明是寄給溫庭筠的，詩筆間顯示出一種親暱與隨意。幼微藉詩句吐露了她的寂寞相思，寄給了遠在襄陽的溫庭筠。她以嵇康比溫飛卿，以山濤比自己，儼然是詩文相交的閨中密友口吻，嗔怪著溫庭筠不寄信給自己，感慨在西風漸起、竹簟生涼的時節，拿什麼慰藉秋日的漫天愁緒。

後世有學者認為溫庭筠與魚玄機只是一般朋友關係。事實上，在這首詩裡出現「珍簟涼風著，瑤琴寄恨生」的意象，說明他們應非一般意義上的朋友。「簟」即指竹簟。在魚幼微自身詩作裡，「珍簟」這一作為貼身之物的臥具，只在〈酬李學士寄簟〉一詩中出現過：「珍簟新鋪翡翠樓，泓澄玉水記方流。唯應雲扇情相似，同向銀床恨早秋。」李學士顯然指她的夫君李億。宋代李清照的詞裡也多次寫到簟席，但詞作內容均是思念遠方的夫君。此外，她「寄恨」於「琴」也應有所寓意，琴聲當然需要知音賞，其中意味再明白不過了。所以，在魚幼微的詩歌語境裡，溫庭筠應是不同一般的朋友。

而溫庭筠收到了幼微的詩，知道她在怨嗔自己沒有回信。他會怎麼想呢？歷史上沒有任何史料告訴我們，甚至在《溫庭筠集》裡也找不到關於魚玄機的任何字句。這是有意的迴避，還是無心的疏漏，我們不得而知。然而在溫庭筠流傳下來的詩集中，我們看到了一首詩〈早秋山居〉：

山近覺寒早，草堂霜氣晴。
樹凋窗有日，池滿水無聲。
果落見猿過，葉幹聞鹿行。
素琴機慮靜，空伴夜泉清。

因為住處緊靠大山，就覺得寒氣來得特別早，晴空下的草堂籠罩著一片薄薄的霜氣。窗邊秋陽和照，落葉飄零的秋樹在淺淺陽光裡肅立，池塘漲滿了水卻靜謐無聲。樹上果熟葉枯，就看見猿猴在林中一竄而過，也聽得見鹿行的細碎聲音。溫庭筠手揮五絃，心情恬淡而平靜，只有夜間潺潺清泉聲相伴相和。

山居的溫庭筠筆下是一派閒雅沖和的山野風光。顯然，這首詩寫自己過得平靜而閒適，自有一種世外桃源的氣息。只是最後兩句更透出幾分意味：「素琴機慮靜，空伴夜泉清。」詩中的「素琴」正好與幼微詩中的「瑤琴」形成呼應。一個是「瑤琴寄恨生」，一個是

「素琴機慮靜」，分明兩種心境，兩種態度：妾有意，郎無情。溫庭筠表達了自己無物掛懷的心緒，也暗示幼微不必為情思煩惱。

轉眼秋去冬來，梧桐葉落，冬夜蕭索，魚幼微又寫出〈冬夜寄溫飛卿〉：

苦思搜詩燈下吟，不眠長夜怕寒衾。
滿庭木葉愁風起，透幌紗窗惜月沉。
疏散未閒終遂願，盛衰空見本來心。
幽棲莫定梧桐處，暮雀啾啾空繞林。

冬日長夜裡，幼微因衾被寒冷難以入眠，便起身在燈下作詩苦吟。窗外庭院枯葉隨風起舞，冬夜淡淡的月光透過紗窗照進屋來。人生的聚散其實難以勉強，榮辱興衰能完全讓人心現出本性。詩尾兩句則說得非常明白了：院中的梧桐樹上，一群暮雀在那裡啾啾鳴叫，依棲不定，繞樹徊惶，無枝可依。這詩中無樹可棲、無林可投的暮雀，正想將自己託付給一個可靠的人。這樣的意象不禁讓人想起宋代蘇軾的詞句：「揀盡寒枝不肯棲，寂寞沙洲冷。」這正是魚幼微的深切感受。

溫庭筠哪能不解魚幼微的心思？那些詩句是情竇初開的少女心間綻放的第一朵蓮，純白芬芳。而溫庭筠手捧這朵潔白的蓮花，雖明瞭少女心事，卻終知是可親可近而不可褻玩。也許這位才情非凡的「醜鍾馗」並沒有勇氣接受一位年未及笄的女孩的感情，也許作為老師，他對這小女孩原本僅僅就是一種長輩對待晚輩的憐愛。也許他在美貌如仙的幼微面前略感形穢，更不忍玷染一個純真少女的情感，畢竟他們的年歲相差太大。

溫庭筠思前想後，沒有表態。倘若他能在此刻回以哪怕一兩句柔情萬種的詩句，也許那層窗戶紙就被戳破了。可是溫庭筠不願意給她，也不願意給自己這個機會。溫庭筠在遙遠的襄陽，手執信箋，內心一次次掠過溫馨或酸楚，或某種無法道清的感動和茫然。魚幼微那雙清澈的眸子，讓他不忍心去傷害她半分。他將內心感情的些許波動壓制了下去，以至兩人間的關係一直顯得細水長流、波瀾不驚。

收到語意不明的口信，魚幼微等來的始終是空空如也。秋去春來，看到的只有南來的孤雁匆匆飛過頭頂。那淒然絕望的雁鳴，劃過渺茫的天空，穿透了少女多情卻脆弱的心房。

少女的眼睛溼了，心也變得如天空那般空空蕩蕩。〈暮春即事〉正是她的心緒展現：

深巷窮門少侶儔，阮郎唯有夢中留。
香飄羅綺誰家席，風送歌聲何處樓。
街近鼓鼙喧曉睡，庭閒鵲語亂春愁。
安能追逐人間事，萬里身同不繫舟。

暮春時節，午後極是寧靜。樹林裡兩隻花喜鵲嘰嘰喳喳，那麼歡快起勁，把魚幼微從午睡中吵醒了。醒來發現枕上猶有淚漬，夢境已經模模糊糊，依稀看到一個朦朧而又熟悉的身影。當她正欲叫他一聲「飛卿」時，卻被小鳥的清脆鳴叫聲拉回現實。她苦笑一下，又凝神聽一會那兩隻小鳥的鳴叫，方才披衣起床。

這個時候的魚幼微深感寂寞。詩中「阮郎唯有夢中留」一句中的「阮郎」是指阮肇。《幽明錄》記載：東漢時，劉晨、阮肇二人入天臺山採藥，曾因飢渴，登山食桃，就溪飲水，於溪邊遇到兩位仙女。兩位仙女熱情招待他們，並主動和他們結成兩對夫妻。魚幼微這裡用「阮郎」代指意中的情郎，曲折地表達她心靈深處對這段戀情的渴望。夢裡時時出現阮郎的身影，這種綺夢卻時常被平康裡歌樓舞館飄來的歌聲驚醒，庭院裡喜鵲喳喳也頗引春愁。

人世間的許多事情無法預料也無法強求。何況那個人已遙隔萬里，漂泊在外，身不由己。

魚幼微獨坐窗下，默默對著一夕孤燈訴說衷腸：「我不曉得，究竟該如何去留住你。難道我的風姿茂年，竟是一道你難以踰越的天塹？如果是這樣，我真想回到幾年前，永遠不要長大，永遠做那個在春日午後陽光裡和你相遇的垂髫女童。」

他現在在做什麼？喝酒？吟詩？還是掐著腰罵天罵地？他還記得長安城平康裡的小女子嗎？他知道這個小女子在想他嗎？

幼微望著風中搖曳不定的燈火，一滴清冷的淚滴到了書本上。自打父親亡故後，她和母親頓時感到天塌下來一樣，家中物品逐漸典當一空。母女倆衣食無著，孤苦無依，以為青樓洗衣為生，飽嘗世間辛酸。幸虧有這個才高於世、心地溫良的男子，憐愛她，疼惜她，免她顛沛流離，受凍挨餓。在他悉心教導下，魚幼微的詩才如囊中之錐，日見新銳；在他的陪伴下，幼微也漸漸長大，身姿窈窕，眉眼盈盈。

這幾年間的深情厚意，在幼微心中已生出一片天地，只屬於他和她的天地。

他來時，她老遠就能聽到熟悉的腳步聲，那樣灑脫不羈；期待著聽到他輕叩門環的聲響。談笑時，她喜歡聽到他的爽朗笑聲，滿屋子都是他的氣息和味道；他起身離去時，她又是多麼不捨和留戀。望著他離去時的背影，她真怕他出得門去就再也不會回來。

雖然世人口中的溫庭筠是名滿天下、謗滿天下，是才高八斗的詩人，又是眠花宿柳的浪子，是其貌不揚的「溫鍾馗」，是桀驁不羈的狂士。但在幼微的一顆小小心靈中，世上男子哪個能及他半分。他真情率性，淡泊名利；他才華橫溢，心地純良。他就是她眼前的一片綠葉，遮住了眼，再也看不見世上的其他男子。

慢慢地，她獨自啜飲下一杯清酒，一陣辛澀的感覺從喉間直入心頭。這是他送的酒，裡面有熟悉的味道。

這杯酒，也讓她初嘗了思念一個人的滋味。

在溫庭筠的一首〈菩薩蠻〉裡，我們似乎看到魚幼微的美麗情愫：

水精簾裡頗黎枕，暖香惹夢鴛鴦錦。江上柳如煙，雁飛殘月天。

藕絲秋色淺，人勝參差剪。雙鬢隔香紅，玉釵頭上風。

春日裡，畫樓外，起床梳妝一新的美人遠遠地走來。頭上插著隨風飄動的裊裊春幡，雙鬢還戴著鮮豔的花朵。美人款款而行，頭上的玉釵在風中微微顫動。

這一天是古人非常看重的「人日」，是大年正月初七，一個懷念遠人的日子。古人會將絲綢之類剪綵做成幡勝佩戴在頭上。

那位深閨中的女子，那位藕絲秋色淺、春幡飄飄的美人，心思是否已隨風遠翔？

溫庭筠深深地感到自己老了，而且仕途不暢，前途黯淡。可是他希望正處荳蔻年華的幼微能夠過得幸福，有一個好的歸宿。

〈寓言〉魚玄機

紅桃處處春色，碧柳家家月明。
樓上新妝待夜，閨中獨坐含情。
芙蓉月下魚戲，螮蝀天邊雀聲。
人世悲歡一夢，如何得作雙成。

第二章
幽居佳人：寄情於深院人間

十五歲的魚幼微告別了童真的少女時代，成為一位新科狀元郎的外宅婦。

公子情，佳人意

後來，溫庭筠回到了長安，幾年不見，魚幼微已是亭亭玉立、明豔照人的及笄少女了。

兩人見面，那麼多來不及說也無法言說的話語都化作了無聲的默契。他們的目光躲閃又彼此深知對方的心意，言行間卻保持師生間得體的距離。

他回來了，重逢的喜悅讓魚幼微溢於言表。那些離別日子裡的陰鬱心情已一掃而光。她似乎重新又變回當年那個陽光般明朗快活的女孩，和他在一起時愛說話了，也開始變得幽默風趣。溫庭筠在交談中知道，這些日子裡她又讀了好多新書，又寫了好多新詩，交了好多新朋友。

一天，正是春雨初晴，溫庭筠和魚幼微師生兩人來到城南崇真觀中遊覽。這崇真觀在長安朱雀街東新昌坊，唐時新科及第的進士榜，便在崇真觀南樓張貼。這裡風光秀麗，樓宇雄偉，遠遠可以望見長安城南的終南山上雲嵐裊繞。

不料，正好碰到一群新科進士爭相在觀壁上題詩留名。他們一個個春風滿面，意氣風發，正是人生中最得意的時刻。魚幼微看著他們，忽然想起小時候父親曾經的嘆息。父親多希望才華出眾的魚幼微能是男子，那樣的話就能歷經十年寒窗去應試科舉，一朝成名天下聞，光耀門楣，報效國家。

可惜，自己只是個小小的弱女子，再飽讀詩書、能詩善文也無濟於事。魚幼微想到這裡，滿懷感慨地在牆上題下一首七絕〈遊崇真觀南樓，睹新及第題名處〉：

雲峰滿目放春晴，歷歷銀鉤指下生。
自恨羅衣掩詩句，舉頭空羡榜中名。

唐代科舉中的進士科尤受士人重視。及第者列名慈恩塔，參加曲江大宴；往日白衣，今朝朱紫，從此飛黃騰達。「歷歷銀鉤」，象徵蟾宮折桂，金榜題名。因為那些士子及第中舉後心情豪邁，筆墨書寫得遒勁有力，所以是「歷歷銀鉤指下生」。

「羅衣」是婦女衣裳，指的就是女人。「羅衣」之恨就是女人之恨。魚幼微滿懷高遠志向，卻恨自己生為女人，空有滿腹才情，卻無法與鬚眉男子一爭長短！

其實，小小魚幼微哪裡知道，後世一位心比天高的天才女作家曾經痛切地說：「我一生最大的不幸就是我是一個女人。」這首詩可以說是魚幼微對女子無權參與社會生活的抗議，對「女子無才便是德」的質疑，並且充滿了對封建社會埋沒女子才華的怨恨與不滿，也流露出對自身才華的信心與肯定。後來，元代辛文房《唐才子傳》評價此詩：「觀其志意激切，使為一男子，必有用之才，作者頗賞憐之。」

當然，溫庭筠也感覺到了魚玄機在詩中流露的情緒。他讀後大笑：「哈哈，幼微啊幼微，我倒是錯看了你。你竟是個雄心壓倒鬚眉的女中豪傑呵。明年春闈只管去參加，我看準能中個女狀元。」

魚幼微看著他，心中一動：這世上果真只有他才知道自己的心思，又不覺嘆了口氣。於她，他是師，是友，亦是父。而於他，她則是心底最溫柔的牽絆。這些日子，他隱隱感到也許是時候放手，為她覓得一處遮風避雨、衣食無憂的歸宿。

唐代金榜題名後，進士們宴飲無數，多在曲江、杏園等風景秀麗的地方舉辦，「公卿家傾城縱觀於此」。而「春風得意馬蹄疾，一日踏遍長安花」的才子們，少不了「能談吐，頗有知書言語」的佳人侍宴。魚玄機也許就是在這樣的場合遇到了她的「仙郎」，成為一位狀元郎的「侍寵」、「執箕帚」。

這天，一位世家公子李億前來拜訪溫庭筠。李億，字子安，山西人氏。唐宣宗大中十二年（西元八五八年）戊寅科狀元及第，官授補闕。該科進士三十人。史籍中關於這位李億的記載資料極少，僅明人徐應秋《玉芝堂談薈》載：「（大中）十二年（西元八五八年），進士三十人，狀元李億。」

李億曾娶魚玄機為外室。宋孫光憲的《北夢瑣言》、元文辛房的《唐才子傳》都曾提到此事。可以想像這李億年少登科，春風得意，與溫庭筠頗為投緣，經常書信往來，詩詞酬和。在溫庭筠詩集中就有一首〈送李億東歸〉：

黃山遠隔秦樹，紫禁斜通渭城。
別路青青柳弱，前溪漠漠苔生。
和風澹盪歸客，落月殷勤早鶯。
灞上金樽未飲，宴歌已有餘聲。

這首六言詩作於李億中狀元之後，兩人在長安城郊灞上送別。此詩景物描寫清新，情感表達真切。可見兩人交情甚篤。

溫庭筠與他交談時，提及京城有名的詩女魚幼微，那李億便大有傾慕之意。初到長安遊覽崇真觀，他就曾經無意中讀到了魚幼微留下的那首詩。當下大為驚奇，「自恨羅衣掩詩句，舉頭空羨榜中名」，世上竟有如此抱負與才情的女子。這個十年寒窗苦讀的士子心中大為仰慕，很想一睹這位題詩的奇女子的風采。

可惜李億這次來京是為了出任左補闕官職，忙於官場應酬，一時無暇去打聽魚幼微的情況，只是在心中記住了這個名字。就任後，李億開始拜訪京城的親朋故舊。

李億來到了溫庭筠家中。寒暄中，李億頗為溫庭筠的際遇嗟嘆不已。作為朋友，他當然也勸慰溫兄大才，不愁將來一展雄才。溫庭筠當然知道這是朋友的好意告慰，只是他原本就不再縈懷於功名，只是呵呵一笑，便拉了李億起身來到書房裡。在書桌上，只見一幅字跡娟秀的詩箋。李億拿起詩箋，只覺眼睛一亮：

紅桃處處春色，碧柳家家月明。
樓上新妝待夜，閨中獨坐含情。
芙蓉月下魚戲，螮蝀天邊雀聲。
人世悲歡一夢，如何得作雙成？

正是桃紅柳綠時節，春意盎然。皓月當空，少婦新妝等待丈夫，閨中少女想念情人；月下荷花的小魚嬉戲，天邊彩虹旁倦鳥歸林。世間的一切成雙成對，多麼美好，而自己卻形單影隻，孤苦伶仃。對於魚幼微來說，人世間的悲喜與歡樂就像一場夢，虛無縹緲。她多想像仙女董雙成一樣，能夠在蟠桃園裡遇到東方朔那樣的才子。

詩中的「雙成」即傳說中的仙女董雙成，西王母之侍女，世傳其故宅即妙庭觀。雙成煉丹宅中，丹成得道，自吹玉笙，駕鶴飛仙。後來東方朔到仙界蟠桃園裡偷桃，他為人風流倜儻，才學過人，談吐風趣，迷住了蟠桃仙子董雙成。魚幼微嘆息人世悲歡往事猶如一場大夢，又怎會有董雙成那樣的好運呢？

此詩畫面色彩鮮明，幽情纏綿，一看就是出自女子手筆。李億不覺怦然心動。溫庭筠笑著告訴他，就是那個題詩崇真觀的奇女子魚幼微所作。李億睜大了眼睛，十分驚訝。李億低下頭細細又讀了一遍，不覺喃喃自語：「真真是一位才女啊！」

溫庭筠把李億微妙的神態看在眼裡，暗中已猜中他的心思。這李億錦衣玉帶，文質彬彬，性情也溫和，恰如一株茂密青蔥的秀木，與魚幼微還真是天造地設的一對。

這一刻，溫庭筠驀然明白到了該放手的時間。於是，好心的溫庭筠便開始費心撮合他們二人。

按照今天人們的想像，魚幼微與李億的初次見面應當是在一個風和日麗的暮春。

也許那一日的情形是這樣吧！溫庭筠帶著那春風得意的李億來到了長安城的平康裡。而魚幼微剛從溪邊洗衣而歸，亂髮間還插著一朵隨手採摘的紫薇花。遠遠地，她看見溫飛卿和一個衣袂飄飛的陌生青衣男子站在柳樹林邊。飛卿指點著什麼，那男子點頭應答著。

看這情形，幼微似乎猜到了什麼，轉身欲走開。不料，溫庭筠卻叫住了她，說：「幼微，我們等你半天了。」魚幼微這才轉過身，待二人走近。溫庭筠指指身邊的男子：「這位是狀元李億，字子安，他可是才華橫溢，名動京華的大才子，久聞你的詩名，特來拜訪。」

那位玉樹臨風的新晉狀元郎搖著白扇，朝她微笑著，輕輕吟道：「『紅桃處處春色，碧柳家家明月。樓上新妝待夜，閨中獨坐含情。』這可是姑娘的好詩？」

魚幼微轉頭看看溫庭筠：「飛卿，我剛寫的詩他怎知曉？」溫庭筠笑笑：「李公子對你的詩才十分仰慕，所以特隨為師來拜訪你。」

李億收起手中的紙扇，指指她頭上說：「姑娘頭上的這朵紫薇花可真好看。」

望著眼前這年輕男子清澈俊雅的笑臉，她撲哧一笑：「如我這般好看嗎？」

溫庭筠與李億都大笑起來：「是的，如你這般好看。」在這個情竇初開的夏季裡，她開始暗暗喜歡上這個清澈如水的年輕男子。在陽光下微笑的那一刻，魚幼微望著一旁玉樹臨風般的青年才俊李億，忽然覺得他身旁的溫庭筠瞬間顯得那樣憔悴蒼老。

她不禁心頭一疼，眼前一陣朦朧潮溼。

那一夜，明月當空。溫庭筠側臥在床榻上，透過窗戶凝望天上那輪有些微微發紅的月亮。

幼微，幼微，他心底默念，多少次的磨墨鋪紙、煎茶品茗、敲棋煮酒、雅集酬唱。她是他的小知音，他是她的大詩友。詩歌成了他和幼微情感和心靈溝通的方式，是他們超越俗世、擁抱彼此心靈的最本質、最典雅的表達。

所有的溫存與柔情都在那些美好的文字背後，沒有沾染絲毫俗欲的氣息，他多麼眷戀這樣風雅美好的時光。心中生出的幾許感慨、幾許悵惘，一點一滴地消散在漫漫長夜當中，緩緩吟成一曲〈瑤瑟怨〉：

冰簟銀床夢不成，碧天如水夜雲輕。
雁聲遠過瀟湘去，十二樓中月自明。

幼微很清楚地知道溫庭筠的心意，敏感的她早已從溫庭筠的眼神中看出了幾絲意味。這意味只有她能體會，這意味也只有她才會體會。那意味裡包含的是一個男人的尷尬和無奈、留戀和決絕、慌張和逃避，雖然這個男人是多才多情的溫庭筠，是灑脫無羈的溫庭筠。

三分鐘熱風襲來，沙塵進了她的眼睛，她感到一陣刺痛。其實，刺痛的何止是眼睛，那痛的分明是心、是肺、是經久歲月的情意啊。也許在他的心裡，她就是天上那輪冰清玉潔的月亮，遙不可及。而他所能捧給她的只有憐愛和思念。

溫庭筠告訴她，這李億是狀元，可謂前程無量。如果能將魚幼微終身託付於他，也算了卻一樁心事。

那狀元郎李億對魚幼微可謂是一見鍾情。大中十二年（西元八五八年），在長安繁花如錦的陽春三月，李億迎娶了她。

春日的午後，荳蔻之年的魚幼微乘一頂花轎，攥著一角衣襟，輕輕跨入李億為她置下的長安宅院。

她也許感到自己正在走向一個嶄新又陌生的生活，一個新鮮的可能非常美好的生活。那狀元郎李億看著她，眼眸中應當有著滿滿的愛意。從此，才子佳人，金屋藏嬌，魚水歡合，舉案齊眉。

他們的宅院依山傍水，林木茂密，鳥語花香。李億父母與夫人都暫居江陵，他隻身在長安，只有幾個僕人照顧他的飲食起居。在這裡，金童玉女似的李億與魚幼微，每日裡吟詩作畫，盡情纏綿，男歡女愛，度過了一段令人心醉的美好時光。時光甜蜜得滲出了蜜汁。

李億比幼微大幾歲，已有妻室。雖然出身官宦世家，可他內心文弱，待人卻十分溫和，尤其是對美麗聰慧的幼微十分溫存體貼。兩人一起吟詩聯句，往往是魚幼微口齒伶俐，出句更快更好。當李億讀聖人之書時試作申論，常常文思滯澀。一邊的魚幼微一兩句話便能點開茅塞，讓李億恍然大悟。他起身抱起才貌雙全的幼微一陣親吻，眼中滿是欽佩：幼微，如果你去應試科舉，也許真能中個狀元！

這期間，偶爾李億也會出門遠行。魚幼微獨自在家，寂寞中會想念遠方的友人，便寫了一首〈暮春有感寄友人〉：

鶯語驚殘夢，輕妝改淚容。
竹陰初月薄，江靜晚煙濃。
溼嘴啣泥燕，香須採蕊蜂。
獨憐無限思，吟罷亞枝松。

黃鶯啼聲驚擾了夢境，醒來後淚痕浸殘了妝容。夜晚竹林陰暗，月色淡隱。寧靜的江畔，夜霧濃重。燕子正銜著新泥築巢，蜜蜂在採花釀蜜。燕子築巢、蜜蜂採花象徵著家的溫暖和對愛人的依戀。只有她一個人懷著無限愁思漫步，低語沉吟間不知不覺壓低了枝松。

這正是魚幼微在暮春時節的寂寞情懷。暮春時節，在一個黎明時分，魚幼微被黃鶯的鳴叫聲驚醒，於是起身看到窗外景色，她的心裡愁思瀰漫，不禁想起了一些紛紜往事，沉吟間寫下了這首詩。好像是在魚玄機這裡，相思第一次有了重量，連路邊的松枝，都被自己吟哦的沉沉相思壓彎了。這讓人想起後世的李清照寫「只恐雙溪舴艋舟，載不動，許多愁」，讓愁也有了重量，可隨水而流，可用船裝載。

在她的另一首詩〈早秋〉中，魚幼微的詩筆顯得輕盈而閒靜，有著輕抹淡掃的水墨畫的畫面感，其中有著淡淡的感傷與閒愁，卻並不沉重，顯得優美而寧靜。

那是早秋時節的一天，李億因公事出門，魚幼微一個人在家。幼微便將母親從平康裡的老家接來一起住下。母親已然年邁，且又多病。雖然李億出錢買下一個侍婢為母親端茶送水，終讓幼微頗不放心。

閒時，魚幼微陪母親坐著閒聊，有時也看看書，寫寫詩。望著窗外初綻的新菊，還有遠遠的落日山影、暮色裡升起的炊煙、被涼風吹得沙沙作響的樹，她輕輕撥動了一下桌上的琴弦。無聊間，吟出一首〈早秋〉：

嫩菊含新彩，遠山閒夕煙。
涼風驚綠樹，清韻入朱弦。
思婦機中錦，徵人塞外天。
雁飛魚在水，書信若為傳。

鮮嫩的雛菊正含苞待放，遠山上的裊裊夕煙與落日悠然在望，涼風吹動綠樹在微微搖動，清新的韻律譜入了指下的紅色琴弦。「含」、「閒」、「驚」、「入」四個動詞使眼前的畫面頗有動感；而「嫩」、「新」、「綠」、「朱」則有鮮明的色彩美感。織造征衣的思婦，在戰爭煙雲中行進的徵人，飛過長空的大雁，水中的游魚，全部都是動態的景物。但當她用簡潔洗練的筆墨將這些動態景象剪輯在一首詩中時，這些景物全都化作她腦海中某一瞬間的靜態印象，猶如一幅簡潔、生動而又靜謐的水墨畫。

「思婦機中錦」的「機中錦」指晉竇滔妻蘇氏所作織錦圖文〈璇璣圖〉。該典出自《晉書．列女傳．竇滔妻蘇氏》：「竇滔妻蘇氏，始平人也，名蕙，字若蘭。善屬文。滔苻堅時為秦州刺史，被徙流沙，蘇氏思之，織錦為迴文旋璣圖詩以贈滔。宛轉循環以讀之，詞甚淒惋，凡八百四十字。」

蘇蕙才思靈巧，能織出精妙的迴文詩錦，感動了被徙在外的丈夫竇滔。而魚幼微也是錦心繡口，才思娟秀。這裡其實以蘇蕙指自己。詩中雖託名徵人思婦相思，實則是她自己期盼能有魚雁傳書，將自己的思念寄給遠方的情郎，也盼望能得到他的消息。詩中雖流露寂寞相思之意，卻透出一股閨中少婦輕逸閒適的心境。

而這個時候的魚幼微是家居的小少婦，日子過得平靜而恬淡，雖偶爾寂寞，卻顯得淡定閒逸，充滿了家庭生活的愉悅和快樂。

佳期短，歡情薄

魚幼微早熟、多情，原本自信，少拘束，自有一番浪漫情懷。

李億做著京官，妻子裴氏遠在鄂州。他和魚幼微情投意合，日子過得頗是美滿。他們時常外出遊玩，踏青、狩獵、打馬球，逛東西兩市購物，出席豪門宴飲……

這期間，魚幼微還寫有〈打球作〉一詩：

堅圓淨滑一星流，月杖爭敲未擬休。
無滯礙時從撥弄，有遮攔處任鉤留。
不辭宛轉長隨手，卻恐相將不到頭。
畢竟入門應始了，願君爭取最前籌。

詩中說，這馬球形態堅圓淨滑，像一顆星星在夜空遊走。月牙形的球杖爭搶敲擊，不肯停休。前方若是沒有阻礙，馬球隨人撥弄，就算有了什麼遮攔也會隨著人手或出或留。

不怕曲折，球隨手走，只怕一番辛苦卻不能相陪到盡頭。畢竟只有入門才是應當的結局，希望郎君勇奪頭籌。

詩中所寫的「打球」是指「馬球」，唐代風行的體育運動。詩中寫了如「一星流」的木製球，杖頭如月牙形的擊球棍，以及用棍撥打木球的場景。兩隊人或步行或騎馬，爭相用一根鞠杖將球打入對方門內。球被擊入球門後，即得一分，記為一籌，得分多者為高籌。

此詩應當是魚幼微與李億觀看馬球之後，也有可能是上場親自打球後的即興之作。兩人還在比賽時互賭勝負。可見魚幼微並不是人們想像中弱不禁風的才女，而是和當時多數唐代女子一樣健康、外向、活潑，個性中不乏積極豪放的一面。

在唐代的貴族婦女中普遍流行打馬球等體育活動。自小住在長安城繁華街區的魚幼微耳濡目染，也學會了打馬球。不過，敏感的魚幼微已經感到地位不穩的惶恐不安。哪怕兩人在打馬球之時，也不免因景生情，感嘆道：「不辭宛轉長隨手，卻恐相將不到頭。」球、杖本是無情物，但是在魚幼微看來，球不懼擊打，始終追隨於人的身邊，但是終究不能一直廝守。這正是自己境況的真實寫照。

從詩中可以知道，她其實是以球自況。「畢竟入門應始了，願君爭取最前籌」更是雙闕語。魚幼微現在其實只能勉強算是李億的妾，而且是在外宅居住的妾，還沒有資格入門去見李億的父母。就如同《紅樓夢》裡賈璉瞞著王熙鳳在外面偷娶的尤二姐一樣。可是魚幼微自小是心比天高的人，可不想任人撥弄，而是希望能像那馬球一樣能夠「入門」（嫁入李家之門），有一個最終的歸宿。《紅樓夢》裡的外宅婦尤二姐也是如此：「心裡早已想著進去同住方好。」

魚幼微的憂慮也許並非空穴來風。說是新婚燕爾，不過三月有餘，李億來看望她的次數已經屈指可數。正值夏日，遠在外地為官的李億讓人將一床竹蓆送到魚幼微的住處。在〈酬李學士寄簟〉一詩中，魚幼微這樣寫道：

珍簟新鋪翡翠樓，泓澄玉水記方流。
唯應雲扇情相似，同向銀床恨早秋。

看這珍貴的竹簟新鋪在翠綠色的樓房裡，床上就像有了一方美玉般美妙的粼粼水波。幼微看在眼裡，喜在心裡。李億的這一舉動觸到了她心底最柔軟、最細膩的地方，她渴望被人關心和愛護。然而，她又是敏感而脆弱的，在片刻幸福之後心裡升起了一種憂慮。她想到了漢成帝時班婕妤失寵後寫的〈團扇詩〉：

新裂齊紈素，鮮潔如霜雪。
裁為合歡扇，團團似明月。
出入君懷袖，動搖微風發。
常恐秋節至，涼風奪炎熱。
棄捐篋笥中，恩情中道絕。

她在詩中暗用了班婕妤這首〈團扇詩〉典故，雲扇和竹簟命運是相同的，秋天一到就被主人棄置不用，隱喻自己擔心被拋棄。魚幼微也深深懷有這樣一種憂愁和恐懼：感情上的秋冬到來，自己就會被丈夫拋棄。

對魚幼微來說，這種危機感無時不在。本為「里家女」的幼微深知自己無法與考中狀元的李億相匹配，但是自己又深愛著他而不能自持。她深深希望郎君李億將來不要拋棄自己。對於幼微來說，擁有李億的愛就足夠了。

年方十五的魚幼微唯一的願望，就是憑著自己的才情和美貌，長久地留在李億身邊。

〈江陵愁望寄子安〉魚玄機

楓葉千枝復萬枝，江橋掩映暮帆遲。
憶君心似西江水，日夜東流無歇時。

第三章
情路漫漫：孤身千里的呼喚

任何人也想像不到，一個十六七歲的女子為了愛情，竟然隻身遠行漫遊，跋涉於山川江湖之上。

楚江暮，失群飛

然而，世事總是那麼不能盡如人意。李億有一個原配夫人裴氏。裴氏家族世為名門望族，祖上曾幾任在朝為官，在當地可謂樹大根深。李億來長安求官，也多有裴氏娘家人的幫助和提攜。

當裴氏得知李億在外納妾的消息，立刻寫信叫他速回江陵，李億自然不敢違命。臨別時，魚幼微寫下〈送別二首〉：

秦樓幾夜愜心期，不料仙郎有別離。
睡覺莫言雲去處，殘燈一盞野蛾飛。
水柔逐器知難定，雲出無心肯再歸。
惆悵春風楚江暮，鴛鴦一隻失群飛。

第一首詩中出現的「秦樓」、「仙郎」化用了蕭史、弄玉的典故。春秋時，秦穆公為女兒弄玉到處物色如意郎君。某日弄玉夢見一少年騎鳳吹簫，秦穆公乃派人尋找吹簫少年，知吹簫少年名叫蕭史。秦穆公非常欣賞蕭史，便把弄玉許配給他。蕭史和弄玉婚後幸福美滿，因蕭史是天上神仙，不能長留人間，於是蕭史乘龍，弄玉跨鳳，雙雙飛上天去。結局是很美滿的。而魚玄機眼前見到的卻是「殘燈一盞野蛾飛」：一隻野蛾在眼前繞著燭火飛舞，為了追逐光明和尋求溫暖，牠將要投火而死嗎？這個畫面暗喻的結局讓她不寒而慄。

「水柔逐器」將女子比作水，水性柔弱，隨器成形，很難有自己的形狀，只能溫順地隨遇而安，沒有獨立的人格，只能依賴於男子。「雲出無心」將男子秉性比作雲，飄浮不定，變幻多端。而「無心」與「有心」正好是相對的。後來魚玄機有詩句說：「易求無價寶，難得有心郎。」正是針對男人有如「雲出無心」有感而發。同時，「水柔逐器」、「雲出無心」都是變幻莫測的，就像她前途莫測的未來命運。在一個春風惆悵的黃昏，楚江江面上一隻失群的鴛鴦孤獨地飛過。那就是她自己，一個孤獨無依，沉浸在失落、惆悵與哀怨中的女人。

魚幼微忐忑不安地等待著，卻傳來李億赴鄂州上任為官的消息，她毅然決心前去尋找。

溫庭筠得知後，寫了一首〈送人東遊〉給她：

荒戍落黃葉，浩然離故關。
高風漢陽渡，初日郢門山。
江上幾人在，天涯孤棹還。
何當重相見？樽酒慰離顏。

一次說走就走的旅行，源於一場奮不顧身、飛蛾撲火般的愛情。於是在晚唐時代，一個弱女子帶著一名小婢，從漢水沿江南下，歷盡艱險最終抵達江陵。

山路欹斜石磴危，不愁行苦苦相思。
冰銷遠澗憐清韻，雪遠寒峰想玉姿。
莫聽凡歌春病酒，休招閒客夜貪棋。
如松匪石盟長在，比翼連襟會肯遲。

雖恨獨行冬盡日，終期相見月圓時。
別君何物堪持贈，淚落晴光一首詩。

——〈春情寄子安〉

這首詩寫給情郎李億，一片痴情，感人至深。開篇「山路欹斜石磴危，不愁行苦苦相思」即道出山路崎嶇，相思之深。李億不在身邊，更增添了她的惦念和牽掛。

「冰銷遠澗憐清韻，雪遠寒峰想玉姿。」遠山雪峰、足畔溪澗，都令她想起情郎的風姿清韻。在她的心目中李億瀟灑倜儻如寒峰玉山，韻致清雅如遠澗初融的流水。魚幼微是一個愛才子、愛帥哥的晚唐女子，並明明白白地在詩中大膽說了出來。有一點粉絲的味道。

接下來「莫聽凡歌春病酒，休招閒客夜貪棋」，她委婉地勸郎君不要去妓院、酒樓等場所，叮囑他日常起居和生活遊樂要有節制，已遠非一般女子訴相思之語了，透露出親人間的關心與愛意。可見，魚幼微善解人意，對情郎疼惜有加，字裡行間滲透著濃濃愛意。

「如松匪石盟長在，比翼連襟會肯遲」兩句，說自己的愛情如松柏之長青。「匪石」出自於《詩經．邶風．柏舟》：「我心匪石，不可轉也。」言石可轉，而心不可轉，比喻愛情堅定不移。曾經的海誓山盟還歷歷在目，我們相聚在一起的日子怎麼能推遲呢？

「雖恨獨行冬盡日，終期相見月圓時。」雖然孤身在外正是冬盡春來時分，相信中秋月圓之期必定會與李億相聚。最後她說：「別君何物堪持贈，淚落晴光一首詩。」在這相思之際，拿什麼送給遠方的情郎呢？她不禁含情落淚。淚珠晶瑩剔透，滴灑在素色詩箋上，那是她的真情化成的。於是就把這由真情化成的淚滴和寫滿相思的詩篇送給他。

千載之後，此詩仍然讓誦之者唏噓，明代的鍾惺便感嘆道：「如此持贈，恐不堪人領取也。」這首詩還獲得了明人胡應麟的極高評價：「餘考宋七言排律，遂亡一佳，唐唯女子魚玄機唱酬二篇可選，諸亦不及。施肩吾百韻在二作下。」他指的就有這一首七言排律〈春情寄子安〉。

讀過她的這些愛情詩篇不禁讓人感嘆，這真是一個為了愛情而變得勇敢起來的女人。她不辭山高路遠、荊棘叢生，不顧馬疲車壞、風雨道阻，就像一隻渴望愛情之光、渴望溫暖懷抱的飛蛾，毅然振翅向著搖曳晃動的明亮火燭飛去。正如花間詞人韋莊的詞中所說：「妾擬將身嫁與，縱被無情棄，不能羞！」是的，哪怕焚身以歿、化為灰燼，她也在所不惜。

訴不盡，相思意

然而，魚幼微到江陵以後，卻與李億隔江而居。江南江北，相對愁望。

原來那裴氏聽聞丈夫娶了長安有名的才女魚幼微，早已妒火中燒，堅決不准李億再與她往來。有一天，李億忽然支支吾吾地告訴魚幼微：「你且去江陵躲一躲，我想辦法，之後就去跟妳會面。」李億有妻，魚幼微早已知道。見李億這樣的神情話語，她就知道不好了。女人的直覺總比男人準。他是有妻子的人，而自己只是一名沒有名分、沒有地位的外宅婦。

然而，她沒有怨恨李億，獨居江陵的日子裡，她心裡時時牽掛李郎，吟成一首〈江陵愁望寄子安〉：

楓葉千枝復萬枝，江橋掩映暮帆遲。
憶君心似西江水，日夜東流無歇時。

讀此詩，我們彷彿看到一個清冷蕭索的畫面：深秋，美麗的才女魚幼微佇立江岸橋頭，眼前楓樹葉茂枝繁，夕陽照耀江橋，映出黯淡的橋影，點點船帆於暮色中緩緩東來。她在等一個人——一個男人，一個她以為值得等的男人。西望長安，思念之情如同西來的江水。回首東望，想念之思，猶如日夜東流的長江，永無歇時。

這首詩景象淒美纏綿，讀之令人黯然銷魂。「千枝」、「萬枝」寫楓葉繁多，使暮靄中的江橋隱約難見，也擋住了她遠望丈夫來帆的視線。後面以滔滔不絕的江水日夜東流比喻綿綿不斷的思念之情，這樣的意象凝聚了深厚真摯的相思之情和難以解釋的愁懷。此詩成為魚玄機流傳後世的名篇，被人傳詠。

事實上，這首詩與魚幼微的恩師溫庭筠的一首詞〈憶江南〉意境情致極為相似：

梳洗罷，獨倚望江樓。過盡千帆皆不是，斜暉脈脈水悠悠。腸斷白蘋洲！

幼微希望能進入那個家門，能讓那個家族承認她這個外宅婦，能跟這個男人安穩廝守一輩子。但是，那個女人不同意。她連踏進家門的機會都不給，她只能與李億隔江而居。此時魚幼微與夫君僅一江之隔，可謂近在咫尺。她在江陵的大部分時間是寂寞而孤獨的，不斷徘徊，到處遊覽，談談琴，看看書，抱著渺茫的希望，堅持著一場愛的賭局。賭注就是她的青春。她年輕、漂亮，她相信這個男人也真心喜愛她的美貌，欣賞她有文采，曾經他們吟詩作對宛如珠聯璧合。

李億這時也寫下一首〈西山晚別〉：

曲盡江流換馬裘，美人梅下引風流。
蘭舟未解朱顏緊，幽怨難辭釵鳳留。

水流宛轉的江邊，兩人依依惜別。李億換上了皮裘，準備渡江而去，而那送別的美人在梅樹下別有一番風流姿容。即將遠行的蘭舟停靠在岸邊，纜繩還沒解開，佳人的俏麗臉龐上就眉頭皺起。她不捨他的離開，心頭滿是怨恨，卻取下髮髻裡的鳳頭釵相贈，以表達深摯堅貞的情意。

魚幼微思念李億，不時寫詩訴說自己的相思之情。她在〈隔漢江寄子安〉中寫道：

江南江北愁望，相思相憶空吟。
鴛鴦暖臥沙浦，鸂　閒飛橘林。
煙裡歌聲隱隱，渡頭月色沉沉。
含情咫尺千里，況聽家家遠砧。

這首詩寫得情景交融，空靈而有韻致。煙歌隱隱，月色沉沉，砧聲遙遙，情思渺渺。鴛鴦和鸂鶒兩種相伴相依的水鳥，隱含了她內心的相思之情。

她還在重陽節時寫下一首〈重陽阻雨〉，詩云：

滿庭黃菊籬邊拆，兩朵芙蓉鏡裡開。
落帽臺前風雨阻，不知何處醉金盃！

重陽時節，竹籬邊的黃菊花被風雨摧毀。她手持兩面銅鏡，前後攬鏡自照，只見兩面鏡中自己的面容如同芙蓉花一樣豔麗。

正是溫庭筠詞中所謂「照花前後鏡，花面交相映」，顯出她對自己青春美麗的幾分自信。「女為悅己者容」，她精心打扮自己，想把自己的美好形象展現在情郎面前。

原本她期待著能與他一起度過重陽佳節。然而，李億因雨不能如約而至，自己也被風雨所阻不能出遊登高會友，心中大有「良辰美景虛設」的感觸。這使魚幼微感嘆「不知何處醉金盃」，不知該如何打發這寂寞時光。

詩中提到的落帽臺在江陵縣西北龍山，晉代文人孟嘉曾在此落帽，傳為佳話。據《晉書》記載，荊州刺史桓溫於九月初九重陽節在龍山東南端的此臺上設宴，邀集部屬飲酒賞菊。席間，參軍孟嘉的帽子被風吹落，卻佯裝不知，仍然盡情暢飲。待孟嘉離席淨手的時候，桓溫便讓另一名士作文以嘲笑孟嘉。孟嘉歸席，揮毫作答，其文辭之優美，令滿座嘆服，於是「笑憐從事落烏紗」傳為登高雅事。落帽臺也因此而得名。詩人李白遊此曾寫〈九日龍山飲〉一詩，詩曰：「九日龍山飲，黃花笑逐臣。醉看風落帽，舞愛月留人。」後來意猶未盡，又作〈九月十日即事〉一詩：「昨日登高罷，今朝又舉觴。菊花何太苦，遭此兩重陽。」

魚幼微與李白一樣，在詩中提到落帽臺的典故，既強化了濃郁的秋日重陽文化氛圍，也是隱隱以孟嘉的文采自許。

長夜無眠，魚幼微在雲房中思念著李億，淚水和墨寫下了一首〈寄子安〉：

醉別千卮不浣愁，離腸百結解無由。
蕙蘭銷歇歸在圃，楊柳東西絆客舟。
聚散已悲雲不定，思情須學水長流。
有花時節知難遇，來肯厭厭醉玉樓。

一開頭就寫出了濃濃的醉態，可知她欲借酒澆愁，卻無法排解離愁。

「蕙蘭銷歇歸在圃，楊柳東西絆客舟」一聯則呈現了一幅暮春的蕭散景象，隱含了她孤獨、失落、失望的情緒：蕙蘭的美麗正逐日凋殘消退；江畔的楊柳裊裊輕揚，陪伴著孤旅中的客船。下句的「雲不定」喻指人生離合悲歡的不確定境況，而綿延不斷的流水則讓人慨嘆人心的易變。「有花時節知難遇，來肯厭厭醉玉樓」一句出自於《詩經．小雅．湛露》：「湛湛露斯，匪陽不晞，厭厭夜飲，不醉無歸。」原是描寫周天子設宴招待朝見的諸侯，表達一種接遇禮儀。此處是指晨露不遇太陽不乾，酒興不醉無歸。是說花開時節卻知己難遇，她不願對花獨飲，醉倒在空空樓閣裡。

她還常常獨自遊覽江漢，〈遣懷〉一詩寫道：

閒散身無事，風光獨自遊。
斷雲江上月，解纜海中舟。
弄琴蕭梁寺，詩吟庾亮樓。
叢篁堪作伴，片石好為儔。
燕雀徒為貴，金銀志不求。
滿懷春酒綠，對月夜琴幽。

繞砌澄清沼，抽簪映細流。
臥床書冊遍，半醉起梳頭。

庾亮樓在鄂州，晉庾亮鎮武昌時所建。寺廟名樓都遊玩了，但是唯有篁竹、片石作伴為儔，只好借琴、酒消愁而已。不過，李億還是經常尋找各種藉口過江而來，與魚幼微私下相會。恩情還在，鴛鴦重續，喝酒吟詩，彷彿歡愛一如從前。

這甜蜜的時刻也讓魚幼微寫入〈江行二首〉：

其一

大江橫抱武昌斜，鸚鵡洲前戶萬家。
畫舸春眠朝未足，夢為蝴蝶也尋花。

其二

煙花已入鸕鷀港，畫舸猶沿鸚鵡洲。
醉臥醒吟都不覺，今朝驚在漢江頭。

大江東去，燈火萬家，繁盛的武昌城歷歷在目。在江中的遊船畫舫上一夜睡到天明，感覺猶未睡足。在夢裡，即使身化蝴蝶，也不忘去尋找鮮豔明麗的花朵。顯然，魚幼微昨夜於江船上夢中尋找情郎，可能還沒有找到就夢醒了。所以她說「畫舸春眠朝未足」。「夢為蝴蝶也尋花」用了莊周夢蝶的典故。《莊子．齊物論》載：「昔者，莊周夢為胡蝶，栩栩然胡蝶也。自喻適志矣！不知周也。俄然覺，則蘧蘧然周也。」

不過，魚幼微藉用莊周夢蝶這一典故，既有畫船春眠夢中不知身之所在的意味，也翻出化為蝴蝶也戀花的愛情聯想。這種花非花、霧非霧的朦朧意境，春心萌動中的蝴蝶與花意象，隱隱有種蒙太奇般奇幻的性愛意味。在中國文學傳統中，蝴蝶還是情人的隱喻，故尋花表達了她追求愛情的欲望。所以，清初文人黃周星對此詩的評價是「豈非妖冶之尤」！魚玄機的筆下其實已經有種晚唐詩風的迷離色彩，和李商隱的詩筆有相通之處。

第二首連用「已入」、「都不覺」、「驚在」，從「鸕鷀港」、「鸚鵡洲」移至「漢江頭」，在時間、空間方面快速切換，形成一幅連續移動的畫面，氣脈貫注，十分流暢。眼前景色的變幻恍如夢中，表達了一種清新、驚奇、喜悅的心情。

這兩首詩畫面開闊明朗，變幻自如，文字清新活潑，富於動感和變化，顯出幼微的心情是愉悅而欣喜的。這樣的心境也激發了她的創造靈感。

閨中友，同唱和

她結識了很多朋友。還在江陵居住的時候，她寫過一首〈期友人阻雨不至〉：

雁魚空有信，雞黍恨無期。
閉戶方籠月，褰簾已散絲。
近泉鳴砌畔，遠浪漲江湄。
鄉思悲秋客，愁吟五字詩。

魚幼微準備了豐盛酒菜等待友人的到來，可惜朋友連個音信都沒有，所以這次相聚就變得遙遙無期了。「空有信」、「恨無期」道出了她的無奈與遺憾之情；友人爽約是因為風雨交加、河水漲滿，無奈之下，她吟成這首五言詩來表達思念期盼之情，同時也流露出她內心的孤寂和愁悶。

她在這裡還結識了一位好朋友國香姑娘。所以後來魚幼微回到長安，還寫了一首〈寄國香〉給她：

旦夕醉吟身，相思又此春。
雨中寄書使，窗下斷腸人。
山卷珠簾看，愁隨芳草新。
別來清宴上，幾度落梁塵。

從這首詩中可以得知，魚幼微常常借酒澆愁：「旦夕醉吟身，相思又此春。」她愁思綿長，為了忘卻這愁思而旦夕飲酒，以酒澆愁。在春雨中送走了信使，讀完了國香寄來的書信後，她在窗下愁腸百結。起身捲起珠簾時，她正好看見雨中的山色，心中新的愁意隨著那綿綿春草不斷增加。她心中不禁喃喃問道：國香，你是否別來無恙？

於是，她想起那一次和好姐妹在清宴上的情形來了，國香飲盡杯酒後呵呵一笑，高歌起來。她清亮高亢的歌聲，幾度讓梁上的清塵撲簌簌落下。

「別來清宴上，幾度落梁塵」中的「落梁塵」典出《太平御覽》引《世說》：「虞公善歌，發聲動梁塵。」足見國香善於唱歌。清宴歌吟是風雅之事，魚幼微與國香都是有詩文才氣的女子，彼此情趣相投，互相理解同情，故而結下了深厚友誼，分別後還書信往來。

有趣的是，「國香」這個名字與魚幼微還頗有點因緣。《左傳．宣公三年》有云：「以蘭有國香，人服媚之如是。」後人因稱蘭花為「國香」。唐代宋之問在〈過史正議宅〉詩中云：「國香蘭已歇，裡樹橘猶新。」《廣群芳譜》引宋黃庭堅〈書幽芳亭〉：「蘭之香蓋一國，則日國香。」可見，「國香」一般指的就是蘭花。我們知道，魚幼微還有一個字就是「蕙蘭」。蕙蘭是中國栽培時間最久和普及程度最廣的蘭花之一，是比較耐寒的蘭花品種之一。所以，幼微與國香從名字上就有一些淵源。

現在想來，國香應當是一位能讀書識字並與魚幼微談得十分投機的女子。在魚幼微心情孤寂的時候，是其陪伴在幼微身邊，一起聊天出遊、吟詩唱歌。她們私下也許會無話不談。魚幼微心中的種種難事或委屈，應當會向國香傾訴。她和李億的愛情經歷，她的種種際遇，這位國香姑娘應當有所知曉。這位善解人意的好朋友，總是會為好友排解心中的煩惱和痛苦。

當國香陪伴魚幼微在江南楚地鄂州遊覽時，國香講起了莫愁女的故事：

莫愁女的父親盧公在漢江上靠擺渡為生，母親在村中植桑種桃。在楚襄王初年的一個風雨天，莫愁女降生在桃花村頭江岸渡口的船艙中。她剛生下時，不住地啼哭，盧公抱她哄著她：「莫哭，莫哭，莫悲，莫悲，莫愁，莫愁！」聽到「莫愁」二字，她的哭聲竟一下停止了。盧公於是就把她取名為莫愁。

「金雀玉搔頭，生來喚莫愁。」莫愁女生在風波裡，行走風浪中，喝著漢江河中水，吃著桃花村中糧。有時隨村中姐妹在那碧波蕩漾的滄浪湖中採菱摘蓮，有時隨父母進城賣桃，有時在江中、湖裡搖艇打槳，有時在陽春臺、白雪樓習舞唱歌。她有一副津甜清脆的嗓子，郢中的諸般曲一學就會。當她長到十五六歲時，出脫得竟如滄浪湖中的出水芙蓉一般。纖纖腰肢，亭亭玉立，靨靨酒窩，笑綴纓唇；容似香荷，行如流雲。莫愁女得屈原、宋玉的指導、幫助，翻古傳高曲，融楚辭樂聲，繼大琴師劉涓子之後，完成了〈陽春白雪〉的入歌傳唱。

莫愁女的歌舞聲譽傳進了楚王宮苑，楚襄王把她徵進宮中作了歌舞姬女，把她的未婚夫東鄰王襄哥放逐到了揚州。揚州地距郢中數千里之遙，襄哥此去實是生離死別。古〈莫愁樂〉記述了莫愁女漢江淚別王襄哥的悲痛情景——「聞歡下揚州，相送楚山頭，探手抱腰看，江水斷不流！」雪浪滔滔的漢江水，流不盡莫愁女的衣愁，她目送載著襄哥的船遠去，含憤在白雪樓舉身投了漢江。

人們為了紀念她，便把桃花村改名為莫愁村，把滄浪湖改名為莫愁湖，她繫艇登巖的白雪樓下的磯頭渡，則稱莫愁渡。傳說莫愁女其實並沒有死，她被漢江漁夫救起，曾尋屈原的蹤跡，也找尋過王襄哥，泛艇江湖，足無定蹤，真正回到了民間。〈莫愁樂〉歌唱道：「家家迎莫愁，人人說莫愁，莫愁歌一字，恰恰印心頭！」後世千百代，吟詠莫愁女、莫愁村、莫愁湖、莫愁渡、陽春臺、白雪樓的詩詞歌賦，歷歷記述了莫愁女的事蹟。

國香一邊講著莫愁女的故事，一邊笑著說：「蕙蘭，有人說『紅顏自古多薄命』，其實我們這些女子不必自尋煩惱。愛也罷不愛也罷，總之不要讓自己太過傷心痛苦。莫愁莫愁，女子莫要愁。快樂快樂，女子要快樂！」

魚幼微聽過國香的講述，被莫愁女的坎坷愛情經歷所感動，深有感慨地寫下了一首〈過鄂州〉：

柳拂蘭橈花滿枝，石城城下暮帆遲。
折牌峰上三閭墓，遠火山頭五馬旗。
白雪調高題舊寺，陽春歌在換新詞。
莫愁魂逐清江去，空使行人萬首詩。

為了讓這位閨中好友開心快樂，國香還常常帶著幼微出去遊玩，出席各種宴會，還會和她一起高歌。所以，魚幼微後來回到長安，每逢心情鬱悶的時候，都會想起這位遠方的好姐妹。

「雨中寄書使，窗下斷腸人。」魚幼微手中握著來自遠方的書信，常常就這樣走到窗前，望著窗外迷濛潮溼的雨中景象，陷入一種說不清道不明的惆悵之中。她不由嘆息道：「莫愁莫愁，女子難得不愁啊！」

在魚幼微出遊江漢荊楚期間，有來自長安的朋友送給她一張詩箋。詩箋上的詩是由三位有才女之稱的姐妹光、威、裒在家裡聯句而成。《全唐詩》卷八〇一中收錄了這首〈聯句（光、威、裒，姊妹三人，失其姓）〉：

朱樓影直日當午，玉樹陰低月已三。——光
膩粉暗銷銀鏤合，錯刀閒剪泥金衫。——威
繡床怕引烏龍吠，錦字愁教青鳥銜。——裒
百味煉來憐益母，千花開處鬥宜男。——光
鴛鴦有伴誰能羨，鸚鵡無言我自慚。——威

浪喜遊蜂飛撲撲，佯驚孤燕語喃喃。——裒
偏憐愛數螆蛦掌，每憶光抽玳瑁簪。——光
煙洞幾年悲尚在，星橋一夕帳空含。——威
窗前時節羞虛擲，世上風流笑苦諳。——裒
獨結香綃偷餉送，暗垂檀袖學通參。——光
須知化石心難定，卻是為雲分易甘。——威
看見風光零落盡，絃聲猶逐望江南。——裒

做這篇聯句詩的三姐妹名字分別是光、威、裒，她們從小失去了父親，現在都長成了亭亭少女。關於她們的詳細情況，史籍均無記載。三姐妹大概和魚幼微一樣才貌出眾。於是有人將這首詩從長安帶給在外出遊的魚幼微，魚幼微步韻寫詩唱和，這才流傳下來。

這首三姐妹聯句詩呈現的一個個場景畫面，在對眼前景象的詠嘆裡融和著歲月流逝、風華凋落的無奈。月上三更時，剪裁針繡，在難以青鳥傳書的愁思裡，包含著少女難言的青春心事。鴛鴦有伴，鸚鵡無言，遊蜂撲撲，孤燕喃喃，透露出一種生命的孤寂與無奈。

「朱樓影直日當午，玉樹陰低月已三。」詩的開篇分別是兩個代表時間的畫面：一是女孩子所居住的紅樓正是樹影最短的日間正午時分，二是月上三更時，樓前高樹的陰影到了最低處，此時正是夜間最深的子夜時分；這兩個時間點表達的是一天時光的起與止。隱含的意思是說從早到晚，紅樓深閨中的這些女孩子都在做些什麼呢？

「膩粉暗銷銀鏤合，錯刀閒剪泥金衫。」不知不覺間，合上了脂粉漸少的鑲銀胭脂盒，又用剪刀精心裁剪著飾金的衣衫。梳妝打扮和裁剪縫紉正是閨中女子做得最多的事情。

「繡床怕引烏龍吠，錦字愁教青鳥銜。」這兩句頗為有趣，連用兩個典故。一個是「烏龍吠」暗用了《詩經·召南·野有死麇》：「野有死麇，白茅包之。有女懷春，吉士誘之。林有樸樕，野有死鹿。白茅純束，有女如玉。舒脫脫兮！無感我帨兮！無使尨也吠！」最後一句中的「尨」就是指多毛的狗。意思是女子對那前來約會的男子說：動作慢一點啊，不要慌張！不要動我圍裙響，也別驚了小狗汪汪叫。詩中的「烏龍吠」指的就是狗叫。第二個「青鳥銜」是用了西王母的信使青鳥傳書之典。顯然，兩句詩的意思就是說有女懷春，卻無人傳遞心事給情郎。

「百味煉來憐益母，千花開處鬥宜男。」益母是一味中草藥，有通經止血之功。宜男是指萱草，孕婦佩戴在身宜生男孩。這兩句都是以女子常服常戴之物，暗示她們祈願未來有好姻緣，渴望一個好歸宿。

「鴛鴦有伴誰能羨，鸚鵡無言我自慚。」鴛鴦成雙當然是人人羨慕，而籠中鸚鵡沉默無言，無人和牠說話。可見閨中女子整日和鸚鵡一樣寂寞。

「浪喜遊蜂飛撲撲，佯驚孤燕語喃喃。」，「浪」是徒然的意思。這裡是說縱然遊蜂撲懷而飛也是空歡喜，孤獨的燕子在窗前呢喃而語，她便作勢要去驚飛了牠，卻心下不忍。這兩句都是因閨中青春寂寞無聊，而對遊蜂飛撲和燕子呢喃產生了某種情感反應。遊蜂飛撲顯然讓人想起了那些好逑淑女的男孩子。有遊蜂撲來讓她幻覺中感到有男子來追逐求愛，卻是一場空歡喜。而一隻孤燕呢喃著，彷彿在那裡嘲笑她的女兒心思。所以她對窗前呢喃的孤燕有佯作趕走的動作，但孤燕也讓她想起獨守春閨的自己，所以只是「佯驚」而不是真的去趕牠走。

「偏憐愛數蟕蛦掌，每憶光抽玳瑁篸。」，「蟕蛦」是龜的一種，背甲上的紋路十分細密，與人的掌紋相似。愛數掌紋是想知道自己掌上的愛情線預示著什麼樣的未來。「玳瑁篸」是指用玳瑁做成的髮篸。抽下玳瑁篸的動作在古代是指抽下頭上的首飾，作為定情物贈予情郎。所以這兩句明顯表達了關切自己與情郎未來的結局如何。

「煙洞幾年悲尚在，星橋一夕帳空含」，以傳說中劉阮遇仙、牛郎織女的男女情事，表現了一種曖昧的青春懷思與寂寞惆悵。

時光虛擲，風流苦諳，包含了一種時光不與、自我調侃的意味。「獨結香綃偷餉送，暗垂檀袖學通參」二句，寫小女子情竇初開，把綃綢打成同心結，作為愛情信物偷偷贈送給情人，卻因害羞怕人發覺，垂下衣袖故作行禮如儀。

「須知化石心難定，卻是為雲分易甘」二句讓人印象深刻，女子威對望夫石所代表的死守貞節表示疑惑和不甘，認為人生原本聚散無常，對現實中人生離合悲歡應當愉快地接受，隨遇而安，找到當下的愛情與幸福。

「看見風光零落盡，絃聲猶逐望江南。」眼看女孩子的青春風華漸漸凋落殆盡，卻還老是彈奏著〈望江南〉那樣離情傷懷的曲調，怎不令人黯然銷魂呢！

事實上，這首七言排律聯句詩是一首青春氣息濃郁的詩歌，因為是閨中少女以遊戲心態所作的聯句詩，所以它不必有精心的構思、苦吟的雕飾，不必有文以載道的負擔和深刻的思想，完全是一派天真爛漫的隨機妙語，很自然地反映出青春期少女對愛情、對人生的好奇和嚮往。其中，最引人入勝的就是女性對愛情的大膽想像和執著，尤其是她們不願自我封閉、苦守禮教教條，期待人性的自然伸展，對現世幸福有著大膽的肯定與把握。「須知化石心難定，卻是為雲分易甘」，這種奇思異想也許只有在唐朝那樣相對開放、自由的社會氛圍裡才聽得到。

所以，親身經歷過愛斷情殤，對人生與人性有著痛切感受的魚幼微，毫不猶豫地對少女們的心聲表示了讚賞，稱讚她們「文姬有貌終堪比，西子無言我更慚」。清代黃周星《唐詩快》中曾經嘆息：「以光、威、裒三美之才，不得幼微表章，誰知之者？然僅能傳其一首耳。因思古今才媛，埋沒深閨者何限，安得向掌書仙姬而問之！」他的意思是古今才女不知有多少被埋沒了，如果不是魚幼微的讚美，恐怕這光、威、裒三位才女也會無人得知。

魚幼微唱和的詩題目很長——光、威、裒姊妹三人，少孤而始妍，乃有是作，精粹難儔，雖謝家聯雪，何以加之？有客自京師來者示餘，因次其韻。

昔聞南國容華少，今日東鄰姊妹三。
妝閣相看鸚鵡賦，碧窗應繡鳳凰衫。
紅芳滿院參差折，綠醑盈杯次第銜。

恐向瑤池曾作女，謫來塵世未為男。
文姬有貌終堪比，西子無言我更慚。
一曲豔歌琴杳杳，四弦輕撥語喃喃。
當臺競鬥青絲髮，對月爭誇白玉簪。
小有洞中松露滴，大羅天上柳煙含。
但能為雨心長在，不怕吹簫事未諳。
阿母幾嗔花下語，潘郎曾向夢中參。
暫持清句魂猶斷，若睹紅顏死亦甘。
悵望佳人何處在，行雲歸北又歸南。

這首唱和之作精彩之處就在於對女性青春的禮讚、對女性生命中的愛情需求持肯定和讚佩的態度。在與同輩姐妹們詩詞唱和中，顯露出她獨特的愛情觀。

昔聞南國容華少，今日東鄰姐妹三。
妝閣相看鸚鵡賦，碧窗應繡鳳凰衫。

紅芳滿院參差折，綠醑盈杯次第銜。
恐向瑤池曾作女，謫來塵世未為男。

魚幼微盛讚姐妹三人容貌美麗、錦心繡口、針繡工巧，她們在庭院簪花，堂中傳盞，風流嫻雅。於是想像她們曾經是瑤池仙子，所以從仙界到人間後沒有變成男子。她們如此風流俊雅，若為男子一定會折桂蟾宮、經世濟民。女子受到社會束縛太多，縱有千般才能也難於施展，這是魚幼微心中難以消解的情結。

文姬有貌終堪比，西子無言我更慚。
一曲豔歌琴杳杳，四弦輕撥語喃喃。
當臺競鬥青絲髮，對月爭誇白玉簪。
小有洞中松露滴，大羅天上柳煙含。

三姐妹美如西施，才比文姬，歌喉清豔，琴藝高妙。在曼妙的琴聲裡起舞，一頭青絲如瀑如雲，爭妍鬥豔；白玉簪子在月光下更是清輝粼粼，星光點點。其意境清麗如松針滴露，綽約如綠柳含煙，美不勝收，充滿靈氣！即使是洞中的仙姑、大羅天上的神女，與之相比也會敗下陣來。

但能為雨心長在，不怕吹簫事未諳。
阿母幾嗔花下語，潘郎曾向夢中參。
暫持清句魂猶斷，若睹紅顏死亦甘。
悵望佳人何處在，行雲歸北又歸南。

魚幼微告訴她們：只要能永遠心存愛意，就不怕簫史弄玉那樣的愛情不會降臨。母親曾經多次怪嗔女兒在花下所說的痴情話，然而那心中的情郎卻曾經光顧過她的美妙夢境。只要情郎能來夢中相會，母親的嗔怪又算什麼呢！

仔細讀來，這首詩其實反映了魚幼微自己內心對青春、愛情、幸福的嚮往和追求。她在原聯句詩中讀出了三姐妹放縱不羈的內心情懷和青春夢想，因而在和詩中予以充分肯定。姑娘們花下私語，懷想青春歡愛，是無可指責的。可以說，觸動魚幼微的心思、激發她去寫唱和詩的，正是這種女性對愛情、幸福的大膽嚮往和主動追求。所以最後魚幼微表達了自己對這三姐妹的欽佩神往之情，說自己手持三姐妹的清麗詩句已是意斷魂消，感佩不已。如果能親眼見到她們的話就是死也值了。可是這些才貌雙全的佳人現在在哪裡呢？她們就像天上的雲一樣行蹤不定，一會去了北方，一會又到了南方。

這首詩充分展現了魚幼微創作七言排律的才能，人們均認為它遠超原聯名詩的水準。胡應麟在《詩藪》中對魚幼微此詩評價極高：「餘考宋七言排律，遂亡一佳，唐唯女子魚玄機酬唱二篇可選，諸亦不及。」在唐宋七言排律詩中，魚幼微兩首七言排律名列前茅，這首和詩就是其中之一。

這首詩應當說比較直白地坦露了女性自由追求愛情的心聲。千載之後，晚清女革命家秋瑾也因封建強迫來的婚姻而遭遇不幸。她十分喜愛魚幼微的詩作，她的詩集是她經常翻閱誦讀的心愛之書。讀到魚幼微這首次韻和詩後，她非常贊同她對知音之愛的勇敢追求，也寫下了一首詩〈偶有所感用魚玄機步光、威、裒三女子韻〉。

詩中寫道：

……

文遊薄俗情都倦，世路辛酸味久諳。
綠蟻拼將花下醉，〈黃庭〉閒向靜中參。
不逢同調嗟何益？得遇知音死亦甘。
悵望故鄉隔煙水，紅牙休唱〈憶江南〉。

這位身不得男兒列，心卻比男兒烈的秋瑾，可謂是魚幼微千年之後的知音了。

汾川雨，晉水春

在咸通初年，李億到了山西太原，入河東節度使劉潼府。這次旅程是如此之遠，李億沒有帶裴氏上任，而是與魚幼微同往。在太原，李億很受劉潼的重視。

在這期間，對李億和魚幼微來說是一生中非常美好、非常難忘的時光。那時正是三月春日，細雨飄灑，百花綻放，汾川晉水間到處是一派清新氣象。李億、魚幼微攜手而行，一起聽歌看舞、遊山玩水，逍遙自在。主帥劉潼和幕僚的關係也十分融洽。尤其劉潼對魚幼微的美貌與才氣十分欣賞，常常讓人邀她一起出遊，還讓人送給她不少衣食清玩。

這段日子，她的心情是輕鬆愉快的。寫下了〈夏日山居〉：

移得仙居此地來，花叢自遍不曾栽。

庭前亞樹張衣桁，坐上新泉泛酒杯。

軒檻暗傳深竹徑，綺羅長擁亂書堆。
閒乘畫舫吟明月，信任輕風吹卻回。

遍地野花不用人去刻意栽培就已開得十分絢麗，彷彿是仙境中的瓊花瑤草一般。庭院前的樹木雖不高，但枝繁葉茂，那四下伸張的樹枝正好作晾掛衣物的天然橫竿，新引入院內的山泉環曲迴流。她與朋友常在此歡聚宴飲。「坐上新泉泛酒杯」出自《晉書．束晳傳》：「昔周公成雒邑，因流水以泛酒」，魏晉文人常玩這種叫做「曲水流觴」的風雅遊戲。即置酒杯於環曲之水上，任其順流而下，停於何人面前，此人即取飲一杯。魚幼微用此典以表閒逸快意的心情和高雅不俗的文人情趣。

魚幼微身著綺羅裙衫，常置身於隨意堆放的書籍當中吟詩誦經。她還常常乘坐畫舫月夜出遊，吟詩作賦，在習習輕風中踏上歸程歸途。詩中的夏日山居生活清幽閒雅，富有詩情畫意。

在居山西太原期間，魚幼微以她的容貌、舉止、才思贏得幕府眾人的青睞。她與劉潼及其他幕賓也多有詩文交流，成為讓李億臉上有光的交際紅人。在眾多新結識交往的友人中，就有一位叫左名場的年輕士子。

那是一次雨夜的宴會上，劉潼和一班文人墨客飲酒作詩。魚幼微在席間彈罷一曲琵琶後，主動做了監酒，讓文人們賦詩聯句。這時，她端著一甌清酒來到一位風度瀟灑的年輕公子面前。這位公子就是左名場。

他長得眉目俊朗，氣宇軒昂，雖也是讀書人卻並不迂腐。在酒席上，這左名場也對才貌雙全的魚幼微青睞有加。後來因機緣所致，這位左公子和魚幼微竟又在長安重逢，成為無話不談的摯友。不過這已是後話了。

與彬彬有禮、略顯文弱的夫君李億比起來，左公子顯得灑脫爽朗。他談吐幽默，不拘一格，讓魚幼微感到耳目一新，頗為欣賞。她為左公子斟滿酒後，自己先飲盡了，說道：「小女子先乾為敬，請公子滿飲此杯。」左名場端起酒來一飲而盡，呵呵一笑：「多謝嫂夫人美意！」

他朝李億說道：「不知李億幾世修得的福分，竟然娶了這樣一位天生麗質、詩文俱佳的才女名媛。讓我們這幕府中一班文人墨客無不豔羨！」

李億聽了頗為自得，看了身邊的魚幼微一眼，目光滿是寵溺和得意。幼微臉一紅，忙舉起酒樽起身向節度使劉潼敬酒。劉潼舉樽而飲，笑問：「幼微啊，如此好酒好宴，何不即席賦詩一首？」

魚幼微很是感謝劉潼的熱情慷慨，為此即席賦詩〈寄劉尚書〉：

八座鎮雄軍，歌謠滿路新。汾川三月雨，晉水百花春。
囹圄長空鎖，干戈久覆塵。儒僧觀子夜，羈客醉紅茵。
筆硯行隨手，詩書坐繞身。小材多顧盼，得作食魚人。

「食魚人」意即門下的賓客。「食魚」出自《戰國策．齊策》中孟嘗君門下的食客馮諼彈鋏而歌無魚無車的典故，比喻幕賓受到重視、優待。魚幼微在詩中以「小材」稱李億和自己，感謝劉尚書對他的重用，「得作食魚人」。

後來，李億離開河東幕府回京，魚幼微隨他返回長安。

若干年後，魚幼微還在忍不住懷念這段時光：「晉水壺關在夢中」，「王屋山前是舊跡」。可惜，物是人非了。

〈感懷寄人〉魚玄機

恨寄朱弦上，含情意不任。
早知雲雨會，未起蕙蘭心。
灼灼桃兼李，無妨國士尋。
蒼蒼松與桂，仍羨世人欽。
月色苔階淨，歌聲竹院深。
門前紅葉地，不掃待知音。

第四章 道觀隱修：咸宜觀中的選擇

幸福總是短暫的。這個時候的她變成了咸宜觀裡的一位女冠道士，名為魚玄機。一身霞帔道袍的魚玄機開始了全新的生活。

君心似，東流水

李億和魚幼微在山西太原共渡了快樂的時光，隨後兩人一起回到長安。夫人裴氏最終得知此事，醋意大發，竟也乘船帶著家人僕婦，不顧路遙，一路溯江北上，做了許多的陣仗給幼微看。

魚幼微只是沉默，你坐穩你的李夫人寶座就好，何苦來這樣虛張聲勢？她當然知道，以自己的家世根本無法與李億這位正室夫人相比的。裴氏娘家是名門望族，在朝中也是頗有勢力。雖然唐朝是女性地位很高的一個朝代，但根深蒂固的門閥觀念沒有改變，社會通婚極受這種門第觀念影響。裴氏一族將相頻出，高官如雲，居住在東西兩京的官員數以百計。李億雖登第攀龍，其實十分懼內。裴家門第顯貴，李億登第為官，背後顯然有裴氏家族的支撐。

這實是唐朝官場的風氣使然。在唐代的中上層官員中，不少人把能和當時的名門望族通婚作為一大榮幸，剛剛踏上仕途的李億自然也是如此。豈止是李億這樣的朝中新貴要攀附高門？唐朝宰相薛元超就曾對身邊親信說：「吾不才，富貴過人。平生有三恨，始不以進士擢第，不娶五姓女，不得修國史。」身居相位的薛元超以未能和五大姓之女通婚作為平生憾事之一，足見門第婚姻觀念濃厚之甚。

男女之間的感情和婚姻問題變成社會政治問題，牽扯到利益關係。當時科舉選拔制度使得像李億這樣的庶族子弟有了翻身機會。但是庶族子弟透過科舉考試獲得一定地位之後，為了求取仕途順利，常常攀附士族女子，門第不好的女子是不可能被選為婚姻對象的。

唐代小說《鶯鶯傳》中，鶯鶯本來是有一定身分和地位的小姐，遇到趕考的窮書生張生，怦然心動，一見鍾情。她為了愛情衝破重重阻力。但是張生考取功名後卻拋棄了鶯鶯，娶了當時名門之女韋氏，這樣始亂終棄的結局自然讓人難以接受。但是，按照當時人們門第婚姻觀念，張生的選擇卻無可指責，為時尚所趨，甚至是人間正道。正如陳寅恪說：「若鶯鶯果出於高門甲族，則微之無事更婚韋氏。唯其非名家之女，舍之而別娶，乃可見諒於時人。」

《霍小玉傳》中的霍小玉與李益相戀時，自陳「妾本倡家，自知非匹」，也為後來李益薄情離去埋下伏筆。

魚幼微與李億其實也正是這幾個著名薄情故事的翻版。魚幼微出身寒微，深知自己無法與考中狀元的李億相匹配，但是又深愛著他不能自持。她唯一的願望就是依靠自己的美貌和才情留住李億。然而，唐代看重女子所謂的「才學」更多，不是在於個人才華的出類拔萃，而是一個女子為人媳、為人妻、為人母的「婦德」要求。作為媳婦，首先要孝順公婆，善理家政。作為妻子，她們要能夠鼓勵丈夫發奮圖強、建功立業。作為母親，她們擔負著養育子女和道德教育的責任。

唐朝對於妻妾地位差別在法律中就有明確規定。《唐律疏議．戶婚》云：「諸以妻為妾，以婢為妻者，徒二年。以妾及客女為妻，以婢為妾者，徒一年半。各還正之。」可見妻、妾、婢有嚴格的等級區別，違者竟判徒刑！

在那個時代，妻子是由父母之命決定的，一般是將門當戶對的女子明媒正娶，而妾則由丈夫喜好決定，命運完全由丈夫掌控。妾在家庭中沒有地位和尊嚴可言，只是丈夫的附屬品。丈夫可以把妾當作物品隨意贈送或買賣。在唐代一夫一妻多姬妾的婚姻制度下，納妾是合乎道德和法律的，受到法律保護。妾通常是與丈夫和正妻住在一起，和正妻共同侍奉丈夫，即使得不到寵愛，畢竟還是家庭中「在編」的正式成員。還有一類女性的地位甚至連妾都比不上，這就是「外宅婦」。她們也稱作「妾」，但是她們是不合法的、游離於「丈夫」家庭之外、養在別處的伴侶。外宅婦與妾相比，地位更為卑微，沒有任何名分、沒有保障。

魚幼微就是比妾還要低微的外宅婦，她內心最大的憂慮就是被李億拋棄。正因如此，裴氏能夠理直氣壯地壓幼微一頭。根據《唐才子傳》，李億因為夫人對魚幼微「妒不能容」，遂將魚幼微遣至咸宜觀入道。

魚幼微後來在咸宜觀入道一事，在宋皇甫枚的《三水小牘》中是這樣說的：「破瓜之歲，志慕清虛。咸通初，遂從冠帔於咸宜，而風月賞玩之佳句，往往播於士林。」他說是魚幼微自幼即愛讀道家典籍，嚮往神仙道術，所以就在咸通初年進入咸宜觀成為女冠道士。

筆者認為，魚幼微可能天性中有親近道教學說的一面，但真正成為女冠道士可能還是因為婚姻不遂。

裴氏見丈夫去京多時仍不來接自己，於是三天兩頭地來信催促。無可奈何，李億只好親自去接家眷。那時從長安至江陵，往返一趟需數月時間。而李億此次出仕又有一番會親宴客、上墳祭祖的活動，耽擱了幾個月。

魚幼微獨守空房大半年，一直等到次年暮春時分，才得知李億已攜妻來到長安。這讓她有幾分興奮，也有幾分緊張。興奮的是，終於有機會見到李億家人；緊張的是她不知裴氏個性為人，唯恐言辭舉止不當，失了禮數不說，更讓李億為難。

她輾轉反側，好幾夜沒睡好，私下早已想好，為了李億，自己寧願委曲求全，絕不衝撞裴氏。然而，她沒想到自己根本沒有機會。

李億原配裴氏出身世家大族，自恃門第高貴，原本並不將幼微放在眼裡。她也並不相信李億真的會把魚幼微當回事，敢把她娶回家來。男人嘛，玩兩天膩了自然會一腳踢開，最後還得回到家裡。他的仕途前程還要指望裴家老丈人呢。儘管一路上李億小心翼翼，勸導妻子裴氏接受他的偏房魚幼微，可這裴氏一點也不鬆口。

但是不久，她憑一個女人的直覺，發現李億對那個魚幼微還真的動了感情，有點依依不捨的感覺。她幾個月前曾經安排人前往江陵，私下見了魚幼微一次，發現這幼微還是那個什麼「溫鍾馗」的女弟子，品貌才學出眾。更重要的是，這小姑娘有才有貌還罷了，個性還好強。這未免讓她感到不快甚至反感。若是李億真的把她娶回家來，這一山難容二虎，哪有個安寧的日子過？

所以，裴氏早在心裡定下了準則，絕不能讓這狐媚女子進家門，更不能讓她和李億長廝守下去。裴氏看著貌美如花的魚幼微，咬牙切齒地對李億說：「你不把這個女人打發走，我是無論如何不會進你李家的門。」

李億無可奈何地看看裴氏遠去的轎子，又看看幼微，不知所措。魚幼微面色灰青，黯然失神。鬧到這個地步，她永遠不要想跨進李家的大門了。

那是一個下著淅瀝春雨的日子，幼微聽到門外有人在吆喝。剛一開門，一群人闖了進來，二話不說就朝著屋內奔去。幼微想衝到前面去攔住他們，一個男人抓住她的手臂，把她甩到了外面。這群人在屋內大肆破壞。魚幼微聽到了桌椅倒地的聲音，聽到了花瓶碎裂的聲音，也聽到了書籍被撕破的聲音。最後，倒在地上的她看到他們揚長而去。屋裡屋外狼狽不堪，家僕丫鬟們已經被趕走，空蕩蕩的屋子只剩下魚幼微一個人。

幾天後，李億回來了，腳步凌亂，目光散亂。他帶回來的是一紙休書。原來，李億實在拗不過裴氏，只好寫下了一紙休書，要將魚幼微掃地出門。文弱膽怯的李億也很無助。這是在京都長安，他沒有能力保護深愛的女人。

可是，李億又不願意從此徹底地失去幼微。畢竟他是深深愛過這個女子的，兩人還共同度過一段還算美好的時光。

於是，李億表面上與魚幼微一刀兩斷，暗地裡出資修葺在曲江一處僻靜的道觀——咸宜觀，並捐出一筆數目可觀的香油錢，把魚幼微悄悄送進觀中。

在前往咸宜觀的馬車裡，李億握著她的手，看她臉上滿是淚痕，便拿出手帕替她擦乾淨了。李億將她擁在懷裡，卻默默無語。魚幼微多想聽他說一句寬心的話，可是等到的只是噠噠的馬蹄聲。魚幼微不哭了，靜靜伏在李億的胸口，聽他說：「幼微，別怕，我們還會在一起的。再給我點時間。」聲音從他的胸口傳出來，顯得特別的深邃和遙遠。

魚幼微的心不禁一陣酸疼。馬車停了，李億牽了她的手走下來。魚幼微抬起頭，只見眼前一個高大山門上面寫著三個蒼勁古樸的大字「咸宜觀」。她的心忽地跳了一下：這裡就是她未來的歸宿？

咸宜觀是長安一所著名道觀。地處長安東城朱雀門大街之東的親仁坊，緊鄰繁華的東市，北面隔一坊就是青樓聚集的平康坊。那裡是魚幼微長大的地方。

李億讓魚幼微暫且安居咸宜觀，說這只是權宜之計，等他說服裴氏，一定來接她團聚。

咸宜觀朱門緩緩開啟，她走進這座陌生的莊嚴道觀。咸宜觀觀主是位年邁的道姑。她看看容貌殊麗的魚幼微，輕輕嘆了口氣，提筆在雪白宣紙上寫下「玄機」二字，慢慢說道：「老道就為這位新來的女冠取法名『玄機』了。」

魚幼微走上前去，扶紙細看時，隱隱感覺那兩字中似蘊有命運莫測的無窮玄奧。她回頭看看師父：「這是何意？」

師父揚起拂塵說：「人生命裡自有玄機，無須抱怨。只望你入道後了卻紅塵俗務，潛心向道，修煉身心。」

李億拱手拜謝，師父拱手回禮：「不必謝我。」幼微卻面色蒼白，沉默無語。從今天開始，她便是這座道觀的女冠子。甜蜜恩愛的日子才多久，卻被丈夫親自送到道觀來。她不知這是怎樣的玄機，又該怨誰。她這樣一個正當青春年華、心比天高的女孩子，又豈甘孤伴青燈做一世道姑？

臨別時，李億抓住她的手說：「幼微，委屈你暫且忍耐，日後必有重逢之日。」說這話時，他臉上滿是深情和不捨。幼微不知他是真心還是假意，掙脫了他的手，冷冷一笑：「你走吧，從此我便是魚玄機，不再是你的幼微了。」

李億嘆了口氣，拉著她的手說：「幼微，送送我吧。」她低下頭，終於還是送他出觀。夕陽圓黃地掛在西邊，霞光塗滿了半邊天空，四周紫薇花開得如火如荼。

「幼微，我會回來找你的！」他坐在馬車上回頭朝她招手。幼微看著他的身影終於在夕輝中漸行漸遠，消失在她望不見的柳樹林子裡。

幼微臉上漸漸凝成一絲冷笑。她心底開始隱隱有個預感，那個男人的話並不可靠。屬於她的那份情緣終將化作一片虛無。這個男人還期望著裴氏家族帶給他榮華富貴呢，當初的山盟海誓和無限溫存早就煙消雲散了，兩人的姻緣也許至此就戛然而止。幼微啊幼微，你為何命薄至此。耳畔，隱隱響起一陣纏綿的歌聲，那是讓她無數次傷懷的一首〈菩薩蠻〉：

玉樓明月長相憶，柳絲婀娜春無力。門外草萋萋，送君聞馬嘶。

畫羅金翡翠，香燭銷成淚。花落子規啼，綠窗殘夢迷。

她看著天空中的一輪圓月，白得令人心寒，像是蒙上了一層薄薄的霧氣，始終揮散不去。更像極了她剛剛失去的愛情。

伴青燈，和淚吟

井底點燈深燭伊，共郎長行莫圍棋。
玲瓏骰子安紅豆，入骨相思知不知？

——溫庭筠〈南歌子詞〉之二

涼風起，白露生，秋蟬鳴。朱弦已斷，紅顏漸老。拔去玉簪、鳳釵、金步搖，如瀑秀髮挽成了道髻，蛾眉盛裝改作了緇衣素顏。站在咸宜觀的池塘前，魚玄機看到了水中自己的倒影，容顏依舊，只是神色中多了凝重，多了成熟。

在道觀的最初日子裡，魚玄機一次次想起過去，她想李億，也想溫庭筠，淡淡的風，涼涼的月，蟲子的呢喃，如風一樣迅速閃過的日子……小堂深靜無人到，滿園秋風，惆悵牆東，昏黃的道觀燈光下，魚玄機默默地注視著無邊黑夜，內心掠過的是無盡的淒涼和傷感。誰能想到呢？當年人稱「長安詩童」的小女子魚幼微，如今已成了咸宜觀中的一名與孤獨寂寞為伴的女道士。

道教以「道」為最高信仰，以黃老道家思想為理論根據。東漢末年出現了大量道教組織，在魏晉南北朝時期漸漸昌盛。到了唐代，李唐王朝倡導尊崇道教。貞觀年間，唐太宗曾下詔道士女冠的地位在僧尼之上。唐玄宗時，更大規模地提倡和扶植道教，所以道教一時極盛。

為了扶持道教，鼓勵更多的人入道，唐玄宗頒布了不少優惠政策，其中有道士給田三十畝，女冠給田二十畝，而且免除賦稅徭役等規定。此外，作為女冠，還可以脫離父權、夫權的羈絆，藉求仙訪道遊歷洞天福地，藉誦經講法的機會自由地結交異性。最後，還能去病禳災，祈求長生……

不過，入道是有門檻的。最起碼要識文斷字，必須要精通《老子》與《度人經》。所以唐朝女冠數量很少。而且入道必須要由政府批准，領取由尚書省祠部頒發的度牒，才算成為合法道士、女冠，稱為正名道士。

事實上，離開李億，沒有經濟來源的魚玄機就會陷入生活困境。無奈之下，她只得接受了李億的安排，選擇入道。好在才貌雙全的魚幼微符合條件，正式成為咸宜觀的女道士。在朝廷對道教的優惠政策之下，託身道觀最起碼能解決基本的生存問題。而且道觀也是個修身養性之地，玄機也希望透過道教生活來療養她受傷的心靈。所以對於當時的玄機來說，入道不失為一個很好的歸宿。

但魚玄機剛開始對這樣的生活是不滿的，她的〈和人〉一詩就表明了生活的困頓與無奈：

茫茫九陌無知己，暮去朝來典繡衣。
寶匣鏡昏蟬鬢亂，博山爐暖麝煙微。
多情公子春留句，少思文君晝掩扉。
莫惜羊車頻列載，柳絲梅綻正芳菲。

由於孤身一人，世路崎嶇，魚玄機生活陷入了困頓，甚至到了靠「典繡衣」來維持的地步，所以在詩中流露出希望「多情公子」能「莫惜羊車頻列載」。這裡用的是晉武帝司馬炎羊車巡幸的典故。

《晉書》記載：「(武帝)並寵者眾，帝莫知所適，常乘羊車，恣其所之，至便宴寢。宮人乃取竹葉插戶，鹽汁灑地，而引帝車。」說是的晉武帝司馬炎後宮佳麗眾多，他不知道該去哪個嬪妃宮裡。於是就乘坐一輛羊車，隨興到處遊逛，羊車停在哪裡就去哪個妃子宮裡。於是一些宮女就用竹枝插在門口，地上灑上一些鹽水。羊喜吃有鹽味的草便往往停在這家門口。魚玄機用「羊車巡幸」的典故，希望李億不要只顧著裴氏，還要經常到觀裡來看看自己。

這裡的「柳絲梅綻正芳菲」既寫時景，說當前正是柳絲輕拂、梅花初綻的早春時節，希望李億能經常來看望自己，同時也是暗喻自己年華正盛，如花綻放。

身在道觀，魚玄機把滿腔愁情寄託在詩文上。而李億把魚幼微寄養在咸宜觀，本意也是要尋機前來幽會的，卻無奈妻子裴氏管束極嚴，裴家勢力又遍布京華，李億不敢輕舉妄動，所以不曾到咸宜觀看望過魚玄機。

道觀的生活是清冷寂寞的。讓她難以忍受的是情感上的孤獨和寂寞，哪怕是鄰家的丈夫回家團聚了，也會讓她感到失落和悲傷。她在〈閨怨〉中嘆息：靡蕪盈手泣斜暉，聞道鄰家夫婿歸。別日南鴻才北去，今朝北雁又南飛。春來秋去相思在，秋去春來信息稀。扃閉朱門人不到，砧聲何事透羅幃。

靡蕪是一種香草，可以做香料。古人認為服食靡蕪可以多生兒子。漢樂府詩〈上山採蘼蕪〉有云：「上山採蘼蕪，下山逢故夫。長跪問故夫，新人復何如。新人雖言好，未若故人姝。」所以，後世又藉蘼蕪指被休棄的女子。夕陽西下，魚玄機手捧蘼蕪，眼看著鄰家為夫婿歸來歡呼雀躍，自己卻因無人顧念而淚落青衫。孤獨地蜷縮在小屋子裡，那連綿不斷的搗衣聲都聽得是那麼清晰。

到了秋天，她更是時常在寂寞和痛苦中煎熬，這首〈秋怨〉中瀰漫著悲苦。

自嘆多情是足愁，況當風月滿庭秋。洞房偏與更聲近，夜夜燈前欲白頭。

蕭颯的秋夜裡，燈火搖曳，影影綽綽，她滿腔心事，無法入睡。窗外傳來一聲聲特別清脆的打更聲，讓魚玄機夜夜失眠，幾乎一頭青絲漸生白髮。

她的這些詩真切抒寫了她的生命經驗。生存的苦難，情感的困惑，無路的徬徨，是她作為生命個體最真實的心靈感受，是她最豐富、最美麗的生命風景，是她內心世界所感受到的一種切膚之痛。

魚玄機朝思暮想，了無李郎音訊，只能把痴情寄託於詩中，又寫了一首〈情書〉：

飲水食檗志無功，晉水壺關在夢中。
秦鏡欲分愁墮鵲，舜琴將弄怨飛鴻。
井邊桐葉鳴秋雨，窗下銀燈暗曉風。
書信茫茫何處問，持竿盡日碧江空。

這首詩中展現著魚玄機對與李億相愛時那些日子的深深懷戀。與李億一起遊玩的每一個情景都鮮活地出現在她腦海裡，既熟悉又遙遠，又好像是在夢中，今昔對比，讓她懷疑那幸福是否真的存在過。

詩中「飲冰」、「食檗」，即指喝冷水、吃苦物。「檗」指黃檗，是一種落葉喬木。木材堅硬，樹皮入藥，味苦。「食檗」比喻處境困苦，心情憂鬱，也形容生活清苦。這裡比喻將遠行時內心的焦慮與痛苦。「志」是願意、決意，「無功」是不求有功的意思。「飲水食檗志無功」，說的是魚玄機歷經艱辛卻一無所獲，決意順應自然。「晉水壺關」兩個地名藉指與李億在山西太原在一起時快樂的日子，午夜夢迴，魂牽夢繞。

「秦鏡欲分」用的是陳後主妹妹樂昌公主與丈夫徐德言破鏡重圓的典故，玄機希望自己也能如樂昌公主一樣幸運。「愁墮鵲」含牛郎織女每年七夕經由鵲橋相會的神話故事，

「愁」用「墮」表達出她擔心夫妻一旦分離後，連像牛郎織女那樣一年一度的鵲橋相會都不能實現。

「舜琴」是指帝舜彈奏的五絃琴。《淮南子》有云：「舜彈五絃之琴，歌南風之詩，而天下治。」但是玄機詩意在指帝舜首先能夠修身齊家，能夠使家庭和睦。據劉向《列女傳》等書，帝舜有一妻一妾，即娥皇、女英，均為帝堯之女。「舜琴將弄怨飛鴻」，玄機希望李億能處理好妻妾關係，使家庭和諧。她的希望是美好的，但現實是殘酷的，她只能埋怨飛鴻為何還未傳來書信。井邊的梧桐樹葉被秋雨打溼，滴答作響，窗下的燭火在晨風中漸漸黯淡。魚玄機又是一夜未眠。

「書信茫茫何處問，持竿盡日碧江空」，書信越來越稀，音訊漸無，李億離她越來越遠。整天持著釣竿在澄碧的江邊也一無所獲，眼前只見江天一色，碧水茫茫。詩中「持竿」者何人並未明說，但持竿江邊垂釣者一無所獲，「魚」已越游越遠卻是眼前的現實。想來她是想告訴這位持竿者：如果再無書信往來，魚恐怕永遠到不了他的手中了。這個「魚」就是她魚幼微的「魚」吧！

明代文人鍾惺讀過這首詩後，稱讚此詩「緣情綺靡，使事偏能豔動，此李義山能為之，而玄機可與之匹」。他將魚玄機的詩與李商隱的詩相比，說她的詩寫情意纏綿悱惻，用能讓人感動肺腑，這原本是李商隱的筆下功夫，魚玄機如今可以和他媲美了。

這真是「此情可待成追憶，只是當時已惘然」！她的詩寫成後，都無法捎給李億，魚玄機只能把詩箋拋入曲江中，任憑幽情隨水空流。

獨具傷感與悲涼氣質的她咀嚼自身經歷諸多痛苦。春夏秋冬，風花雪月，離愁別恨在她心中都融於這些惆悵愁苦的文字中。

魚玄機的精神世界，就是一個生與苦、情和愁、探索與超越交織的憂傷的世界。

這時，聞知魚玄機際遇的溫庭筠長嘆一聲，卻又無能為力。他只得寫下一首〈菩薩蠻〉：

> 夜來皓月才當午，重簾悄悄無人語。深處麝煙長，臥時留薄妝。
> 當年還自惜，往事那堪憶。花露月明殘，錦衾知曉寒。

皓月當空，重簾悄悄，美人淡妝而臥，半夜獨眠。深閨裡幽靜異常，悄無人聲。室內一切都是黯淡的，只有麝香亮著一點星火，裊裊麝香更增靜謐幽深之感。「夜來皓月才當午」，一個「才」字，顯示了女主角從夜晚直到午時都不曾入睡，深感夜長難熬、時光漫長。只有心懷愁思的人長夜難眠，才知夜晚的漫長難耐。

這時，她卻望著乍到中天的那輪明月，思緒悠悠，想到當年的那些如煙往事，想到那些過往歲月，想到曾經的年少時光，心情複雜，無法成眠。然而眼前恰是花凋露殘，月明如水，寒夜孤獨，唯錦衾能知。

「當年還自惜，徵事那堪憶。」當年的什麼事情讓「她」或是讓「他」不堪回首呢？夢裡，她來了，紅唇皓齒，嫵媚伶俐。她倚著一株怒放的紫薇，表情詭異地看著他，她的臉孔交替，一會是七八歲的女童，一會是十四五歲的少女，忽而又變成濃妝的道姑。猛然間，一雙塗了鮮豔蔻丹的手捧出一顆跳動的心來，直逼到他的鼻尖：「您看，我的心這樣滾熱，您竟不要嗎？」

兩鬢微霜的男人「忽」地驚坐而起，涔涔的冷汗浸溼了後背，他掌燈望向書幾，望向軒窗，月色如水，空自茫茫。

身在道觀的魚玄機又想起了溫庭筠，她經常作詩寄給溫庭筠，一如當初還是師徒時候的情形。魚玄機寫下了一篇〈感懷寄人〉給溫庭筠：

恨寄朱弦上，含情意不任。
早知雲雨會，未起蕙蘭心。
灼灼桃兼李，無妨國士尋。
蒼蒼松與桂，仍羨世人欽。
月色苔階淨，歌聲竹院深。
門前紅葉地，不掃待知音。

「早知雲雨會，未起蕙蘭心」這是她內心揮之不去的嘆息。「雲雨會」般的相聚不可能激發她那如同蕙蘭般想要綻放的心。早知道李億能給自己的不過是暫時的雲雨之愛，那麼當初就不會全身心去愛了。自己早該明白，有了肌膚之親，不見得能永結同心。空有悠長情思，唯有寄恨朱弦。

世人大概以為只有蒼蒼松桂是品格高潔清遠的象徵，可是很多豔若桃李的女子也渴望得到具有國士般品格的愛人，也渴望他們對世間痴情女子報以「士為知己者死」般的愛。可是現實讓她很失望，只得重新整理心情。月色如水，蒼苔映階，寂寞的竹林院落裡歌聲隱隱。門前紅葉滿地也無心打掃，只因她在等待真正的知音叩響門扉。

是的，面若桃花、頗具才情的魚玄機要等待的，是人人稱羨的具有松桂般氣質的無雙國士，是懂得尊重女性人格、欣賞她的才華的知音。

溫庭筠回詩一首〈鄠郊別墅寄所知〉給魚玄機：

持頤望平綠，萬景集所思。
南塘遇新雨，百草生容姿。
幽鳥不相識，美人如何期。
徒然委搖盪，惆悵春風時。

平野新雨，百草豐茂。幽鳥啁啾，春思渺然。溫飛卿在思念遠方的美人，在惆悵中嘆息她的際遇。

每每能接到飛卿的書信，魚玄機就激動不已。總要把信箋仔細琢磨半天，眼前依稀見到了恩師模樣，就連睡覺時也忍不住再拿出來吟詠。

於是，她起身又寫下一首步韻唱和詩〈和友人次韻〉：

何事能銷旅館愁，紅箋開處見銀鉤。
蓬山雨灑千峰小，嶰谷風吹萬葉秋。
字字朝看輕碧玉，篇篇夜誦在衾裯。
欲將香匣收藏卻，且惜時吟在手頭。

孤旅途中尤感蕭索。她拿著溫庭筠的詩一遍遍誦讀，晝夜不歇，又想放入檀香木匣小心收藏，又想握在手上時刻細看……

千帆盡，水悠悠

話說冬去春來，三年時光就這樣默默流走了。清晨，咸宜觀在晨霧裡若隱若現。幾叢修竹掩映著雲房，魚玄機整日品茶讀書，打坐修道，與山花為伴，與經書為友，或者幫師父煉煉丹藥，盡力排遣內心寂寞與愁悶。

有天溫庭筠來咸宜道觀裡看她，兩人結伴遊湖。溫飛卿此時已近年半百。這些年他在襄陽、江陵、長安等地流轉，仍舊恃才不羈，言語多犯忌諱，開罪權貴，不得志。《新唐書》說溫庭筠「薄於行，無檢幅」。咸通四年（西元八六三年），溫庭筠因窮迫乞於揚子院，醉而犯夜，竟被巡邏的兵丁打耳光，連牙齒也打斷了。他將此訴於令狐綯，令狐綯並未處置無禮之兵丁。後來得到宰相徐商的幫助，為自己討得公道，並於咸通六年（西元八六五年），出任國子助教。次年，以國子助教主持國子監的考試，達到了一生仕途的頂峰。此外，除了詩詞曲賦，別無成就。

魚玄機問溫飛卿：今天來訪，莫非是有何要事？溫庭筠想了想才下定決心似地抬頭告訴她：其實兩年前，李億已經攜夫人裴氏一起外放揚州了。魚玄機忽然感到一陣眩暈，一邊的小道姑忙扶住她。良久，她才穩定了心神：原來他早已攜帶嬌妻出京，遠赴揚州任官去了。難怪三年時間竟毫無音訊！

這一天終於到來了。他終於做出了最後的選擇，徹底拋棄她了。這對魚玄機無疑是一個沉重的打擊，那位李億走時居然連消息都不透露一聲。她頓覺天空坍塌下來，自己被人無情拋棄了。自古紅顏命如草芥，空將一腔情意付之東流。這些年裡，她沒有停止過對他的想念，經歷多少愛過又恨、恨過又愛的煎熬。倍感寂寞時，她寫過許多相思的詩篇，卻無有寄處。

她假裝低頭飲酒，忍住差點湧出的眼淚。良久，她才整理好心情，輕聲對身邊的溫庭筠說：「彈首曲子吧，飛卿，隨便哪首。」他站起來，取過隨身帶來的琴，整了整衣服坐下，在琴弦上輕輕試拔了幾個音。「幼微，你要想開些。我彈一首我新填的〈女冠子〉給你。」女冠子是專寫女道士的詞牌。玄機心中一動，凝神細聽。樂聲於細微無聲處悄悄揚起，漸漸清麗明晰如泉水叮咚，如林間鳥雀清鳴。他邊彈邊唱：

含嬌含笑，宿翠殘紅窈窕。鬢如蟬，寒玉簪秋水，輕紗卷碧煙。

雪胸鸞鏡裡，琪樹鳳樓前。寄語青娥伴，早求仙。

女道士含著嬌態，含著笑意，翠眉已薄胭脂淡，臉上雖是昨夜殘妝，卻依然美麗嬌媚。她青絲鬢髮輕如蟬翼，身姿窈窕動人。頭上的綰髮玉簪寒如秋水，身邊的帷幕輕紗如卷碧煙。坐到梳妝檯前，鸞鏡中的她微露一抹如雪的胸脯，輕衣薄裳，肌膚勝雪，美麗性感；站在鳳樓前，她亭亭如玲瓏玉樹，裊裊如弱柳扶風。

其實在字裡行間可以看出，詞中的這位女道士雖然在道觀修行，心中卻情緣未了。最後兩句「寄語青娥伴，早求仙」卻顯出溫庭筠的一片苦心。他是希望魚玄機潛心修道，珍惜羽毛，早脫凡塵。

魚玄機聽了輕輕一笑，喝了口酒。沒有再說什麼。

「過盡千帆皆不是，斜暉脈脈水悠悠。」三年的等待竟是一場空。曾經心比天高的魚幼微，現在只是一個被玩弄的棄婦！

這一連串的打擊，使魚玄機痛不欲生。很久以來，魚玄機一直說服自己，那個男人一定會來找她的。無論魚玄機對李億多麼一往情深，哪怕她以匍匐的姿態泣淚哀求，他終究將她遺棄了。現在終於徹底清醒了：真是郎心如鐵，竟無情如斯！

她失敗了，一敗塗地。那個男人最終屈服於現實。在冷冷清清的咸宜觀中，唯有一盞青燈相伴。青燈幽幽，風中燭影搖曳。她看著銅鏡中的自己，莫名悲哀，這一天終於還是來了……

在極度痛苦和孤獨中，她慢慢看透了人世的炎涼。事實上，今天的結局似乎早已注定。唐代法律這樣規定：「人各有偶，色類須同。」意思是人必須跟自己同等身分的人結婚，而不同身分的人通婚，將遭受律法的懲罰。到了中晚唐，社會政治形勢的發展使得皇族不得不重新對幾個舊貴族妥協。《新唐書》載唐文宗就這樣感嘆：「民間修昬(婚)姻，不計官品而尚閥閱。我家二百年天子，顧不及崔、盧耶？」連天子都向故舊貴族屈服，何況李億？一名進士子弟是不可能不顧及自己前程的。

無論對於貴族士子，還是庶族士子，要想金榜題名，要想在仕途上有所作為，門第婚姻將是一個有力的工具。貴族子弟自然希望強強聯合，即使是庶族，也希望能藉由婚姻進入上層社會，進而發展自己的仕途。李億正妻裴氏為名門望族之女，是他仕途的一個有力支援，他是絕對不可能為了魚幼微放棄大好前程的。

李億回到了正常的社會軌道，卻留下了無路可走的魚幼微。魚玄機的這場賭局從開始就注定失敗。

後來，魚玄機就再也沒有見過李億，那一次送別就是此生的永別。

據說有一天，道觀外傳來哭聲。玄機忙出門去看，只見一個十一二歲的女童，生得聰明伶俐，眉清目秀。只是衣裳破舊，手中緊攥著一隻翠玉步搖。

她蹲下身來問女孩為何哭泣。女孩見玄機面色和氣，便停止了哭泣，說自己家道中落，父母雙亡，不知何去何從。玄機憐愛地撫摸了一下女孩的頭，問她：「以後就住在這道觀裡，跟在我身邊可好？」女孩乖巧地點點頭。

玄機問：「你手裡拿的這支翠玉步搖是誰的？」女孩答說：「這是母親臨死前留給我的。」玄機拿過那支步搖，插在女孩尚未長密的頭髮裡，歪頭左右看了看，笑道：「嗯，很好看。彎彎翹翹的，我就叫你綠翹吧。」

女孩很高興地點頭說：「謝謝道姑姐姐，我就叫這個名字，綠翹。很好聽，我喜歡。」從此，綠翹便跟在魚玄機身邊。她為人很是機靈乖巧，知冷知暖，很受玄機喜歡。

一日清晨，綠翹為玄機梳頭，說：「你這麼美，應有個男人好好與你相愛。」

玄機問她：「綠翹你跟我時才十二歲，這些時日又與我在道觀裡清苦度日，你可知什麼是相愛？」

綠翹嘟著嘴答道：「我可不知什麼是相愛。我只知如果那位與你鴻雁往來的男子寫來的信，若有你寫去的多，或者更多，那便是有了與你好好相愛的人了。」

玄機不作聲，輕輕地撫過桌上那個檀香木盒，嘆息了一聲，輕輕說：「天下男子，我最喜他的文才。少時，這位才高貌醜的奇男子曾帶我參加了一個詩文聚會，那些及第書生多得意，於牆上題詞，一個比一個酸腐。可笑的是，他們竟仍不自知而春風得意。我當時站在他的身旁吟詩。『雲峰滿目放春晴，歷歷銀鉤指下生。自恨羅衣掩詩句，舉頭空羨榜中名。』不幸生為女子，多才又如何？誰讓我們生為女子呢？」

綠翹好奇地問道：「那個人是誰呢？是姐姐從前的那位李郎嗎？」

魚玄機搖搖頭，輕輕撫摸了一下那隻檀香木盒，裡面裝的是溫飛卿的信。於是綠翹知道，魚玄機默默惦記的始終是她最初的愛戀。

其實，自從父親去世後，一向清高自傲的她就掉入了生活的最底層，在貧苦、粗俗甚至淫邪的生活環境中掙扎。父親自小教給她的詩意與風雅，曾經構築了她朦朧美妙的心靈底色，那樣美好、溫馨。然而隨著父親的離世，那個溫情脈脈的、高雅的文字世界似乎突然間被冷冰冰的現實打碎了、消失了。

直到溫飛卿在那個春日到來。他以優美典雅的詩詞喚醒了她的青春熱情和神啟般的靈性，重新建構了她的心靈和情感世界，他用詩意和文字讓她重新找到了生活的溫情和尊嚴。這個男人行經少女魚玄機最初最美的生命之河，像春風吹皺了湖面，給了她那麼多不可企及的夢。所以在以後的長長歲月裡，魚玄機對這個中年男人始終有種化不開的情結。

從某種意義上講，他就是那個少女魚幼微的精神教父！也是在她生命記憶深處瀰漫、糾纏的最深刻的情結。是的，魚玄機真正思念的是自己的那位教父溫飛卿。

按照後世女作家張愛玲的說法，溫飛卿永遠是她心口上的一顆硃砂痣。

她在道觀中親手種下三棵樹，以溫庭筠的字分別命名為「溫」、「飛」、「卿」，想讓它們代那記憶裡最疼愛自己的飛卿永遠陪伴自己。

然而，溫飛卿也好久沒有來信了。不知他現在何處，過得可好。他的脾氣可得好好改改了。

〈贈鄰女〉魚玄機

羞日遮羅袖，愁春懶起妝。
易求無價寶，難得有心郎。
枕上潛垂淚，花間暗斷腸。
自能窺宋玉，何必恨王昌。

第五章
風情才女：交際場上的驚鴻

身在仙家，心繫紅塵。有了神仙光環的美女道士，也許對凡塵中人有著某種致命的誘惑力。

慕鴛鴦，端公情

最初，魚玄機是帶著一顆受傷之心來到咸宜觀的。入道之初，道觀生活對於玄機來說是一種全新的體驗，與世俗不同的生活方式使她充滿了新鮮感，她有時也希望自己能超越紅塵，在「臥床書冊遍」中成為一名逍遙自在的「散仙」。「散仙」是指天上那些沒有授予官職的神仙，無職無權，也就無責無事。以這種方式來擺脫過往的痛苦和煩惱。

在咸宜觀裡，她獲得了更大的自由，獲得了更大的自主權，她的心靈也得到了安撫。曾被牽絆壓抑的才情在此時得到了昇華。修道的日子讓她開始思考生命中最為本真的意義所在，也讓她將自己的視野投向了更為廣闊的生命空間。

她寫詩吟詩，「喧喧朱紫雜人寰，獨自清吟日色間」；她彈琴唱歌，「朱絲獨撫自清歌」；她飲酒看書，「臥床書冊遍，半醉起梳頭」，「綺羅長擁亂書堆」，內心平靜而虔誠。魚玄機其實還喜歡喝酒，她的詩中有不少寫到喝酒的地方。在〈寄國香〉中開篇就是：

「旦夕醉吟身，相思又此春。」在〈寄子安〉裡，她寫道：「醉別千卮不浣愁，離腸百結解無由。……有花時節知難遇，未肯厭厭醉玉樓。」在〈遣懷〉一詩裡這樣寫道：「滿杯春酒綠，對月夜窗幽。」〈夏日山居〉中又云：「庭前亞樹張衣桁，坐上新泉泛酒杯。」

除了吟詩喝酒，她試圖遠離塵世，獨居靜修，尋仙訪道，以求長生，結交道友，共研道法……如她曾去拜訪過一位趙鍊師，恰逢主人不在家。她寫下了一首〈訪趙鍊師不遇〉：

何處同仙侶，青衣獨在家。
暖爐留煮藥，鄰院為煎茶。
畫壁燈光暗，幡竿日影斜。
殷勤重回首，牆外數枝花。

所謂「鍊師」是指能夠煉製丹藥的丹道師，也就是道士的一種別稱。

她開篇就問：趙鍊師究竟到誰家去了？只剩下侍女獨自在家。她決定留下等待。她看到燒得正暖的火爐上還留著正在煮的藥，隔壁的院子忙著為來客煎茶。魚玄機徘徊於內室，只見堂前照壁燈火昏暗。走到院外時，只見外面的陽光投在掛著道幡的旗桿上，已拉下長長的傾斜影子。日影西斜、點燭掌燈時，趙鍊師仍未歸來。她苦候不見，只能起身歸去。一步三回首間，她突然發現牆邊有數枝花探出頭來微笑相送。最後「殷勤重回首，牆外數枝花」兩句讓全詩頓時有了生機和活力，韻味深長。

她還為另外一位女道友寫下了〈寄題鍊師〉：

霞彩剪為衣，添香出繡幃。
芙蓉花葉（密），山水帔（裙）稀。
駐履聞鶯語，開籠放鶴飛。
高堂春睡覺，暮雨正霏霏。

這首詩寫女道士一天的生活：以霞彩為衣、添點薰香，出帳後戴上芙蓉葉道冠，披上繪有山水圖案的帔裙，停下腳步聆聽那嬌好的黃鶯之聲，打開手中籠子讓仙鶴高飛。春天的早晨睡到自然醒，傍晚則欣賞那暮色中的霏霏細雨，生活得自在愜意。

可想而知，同在道中修行的魚玄機和這位鍊師的日常生活內容也應該差不多。溫庭筠的一首〈女冠子〉則專寫女道士的情懷，應當是受了魚玄機道士生活的啟發：

霞帔雲發，鈿鏡仙容似雪。畫愁眉，遮語回輕扇，含羞下繡幃。　玉樓相望久，花洞恨來遲。早晚乘鸞去，莫相遺。

霞帔在肩，秀髮如雲，鏡中仙顏如玉般雪白。細描粉黛，團扇遮顏，欲吐心語，含羞垂下繡幃。久久佇立在玉樓，在花洞前徘徊張望，恨情郎為何遲遲不來相見。但願有一天乘鸞遊仙，再也不要分離。寥寥數語繪盡女道士的容貌、服飾及她的含羞多情。遮語、回扇、含羞、下幃等動作，生動地表現出女道士情思綿綿、欲說還休又含羞掩飾的情態。

也許魚玄機的女道士形象原本就是如此，身在仙家，心繫紅塵。有了神仙光環的美女道士，也許對凡塵中人有著某種致命的誘惑力。

她還寫過一首〈題任處士創資福寺〉：

幽人創奇境，遊客駐行程。
粉壁空留字，蓮宮未有名。
鑿池泉自出，開徑草重生。
百尺金輪閣，當川豁眼明。

此詩是為任處士建立資福寺而題。「處士」本指有才德而隱居不仕的人，後亦泛指未做過官的士人。魚玄機可能受到這位任處士的邀請遊資福寺，並且為佛寺取名兼題詩。

玄機在詩中稱讚任處士建立了令遊人紛紛駐足流連的奇妙靈境。這裡的水池中清泉自湧，新闢的路徑青草叢生。修築的佛閣高約百尺，站在樓閣之上眼望前川，景色盡收眼底，一覽無遺。魚玄機的很多詩歌反映這樣的清修生活。道教給予過她心靈的清涼撫慰，在流連山水時，在覓天道地中，當清虛看物，觀照自身時，那一山一石，一草一木，盡是生生不息——所謂「圓首含氣，孰不樂生而畏死」。這些時候，她也曾清淨而快樂。在魚玄機這些遊山訪道的詩中，都表現出清靜自適、醉心山林的心境。

然而，飲酒看書、彈琴唱和、遊山訪道的生活，終究無法填補魚玄機情感的空白和生活的空虛，約束不了她鮮活的女性生命和奔湧如泉的詩心，更無法泯滅她對幸福愛情和婚姻的嚮往。作為一個才貌出眾的女冠詩人，她既要謀生，又要謀愛。

魚玄機所在的咸宜觀，地在長安城中的親仁坊。親仁坊是名門望族、公卿大臣聚居的地方，前後有安史之亂的首惡安祿山、平定安史之亂的大將郭子儀、唐宋八大家之一的柳宗元、相王李旦（後來的唐睿宗）、西華公主、昌樂公主，還有那個修建了滕王閣的滕王李元嬰等知名人物在這個坊居住過。在這條深巷中，還住著一位侍御史——李郢。

李郢，字楚望，又稱端公，長安（今陝西西安）人。唐宣宗大中十年（西元八五六年）進士。《唐才子傳》中說他調「歷為藩鎮從事，後拜侍御史」。他博學多才，精通詩文，素有詩名，曾與杜牧、李商隱互相酬唱，與賈島也是好朋友。其詩作多寫景狀物，風格老練沉鬱。李商隱稱其「人高詩苦」。辛文房《唐才子傳》說他「出有山水之興，入有琴書之娛」，很是風雅高致。

這位李郢大人有垂釣的愛好。炎炎夏日裡，他常常穿著夏衣，拎一個魚簍，到江邊釣魚。垂釣時，眼見那江邊楊柳依依，水光瀲灩，常人在江畔柳林中設筵送別，他還會詩興大發，吟上一首〈江邊柳〉：

東風晴色掛闌干，眉葉初晴畏曉寒。
江上別筵終日有，綠條春在長應難。

回到親仁坊的家中，已是黃昏時分，一陣急雨襲來，他興致不減，作了一首〈園居〉：

暮雨揚雄宅，秋風向秀園。
不聞砧杵動，時看桔槔翻。
釣下魚初食，船移鴨暫喧。
橘寒才弄色，須帶早霜繁。

魚玄機對李郢的人品和詩才十分傾慕。一天，魚玄機碰巧見到那李郢正從荷花叢中駕船而歸，驚飛了水邊的鷗鷺和鴛鴦。她撲哧一笑，那李郢一身夏衣，頭戴草笠，手持船槳，腳邊一個魚簍。這一副漁人打扮，讓人看了有歸隱山水田園之願。

回到觀中，魚玄機揮毫成詩一首〈聞李端公垂釣回寄贈〉：

無限荷香染暑衣，阮郎何處弄船歸。
自慚不及鴛鴦侶，猶得雙雙近釣磯。

在夏天的午後，李端公靜坐在荷塘旁邊的碧綠色的大樹下面釣著魚，看起來似乎是陷入了沉思中。清風輕輕地吹拂著他的夏衣，給人飄逸的感覺。陣陣荷花的香味，不斷地從四面八方湧過來，薰香了他的衣服。

她對這位李端公頗有好感，詩中引用阮肇天臺遇仙女典故，以「阮郎」相稱，阮郎是情郎的代稱。兩字透出了玄機內心的綿綿情意。她又把自己放進詩裡，看著旁邊幸福的鴛鴦，願自己像鴛鴦一樣，陪在李端公身旁垂釣。

李郢讀過這首詩後卻不禁哂然一笑。又是阮郎，又是鴛鴦，又是釣魚，詩中濃濃的愛慕和親近之意簡直是撲面而來。詩意直白、措辭大膽，恐怕那些號稱敢愛敢恨的現代女性都難以企及。此時李郢已成婚，且與妻子十分恩愛。他曾寫了一首〈寄內詩〉給妻子：「謝家生日好風煙，柳暖花春二月天。金鳳對翘雙翡翠，蜀琴新上七絲絃。鴛鴦交頸期千歲，琴瑟諧和願百年。應恨客程歸未得，綠窗紅淚冷涓涓。」可見夫妻感情還是很好的。

因為魚玄機是詩名在外的女詩人，又是同居一巷的近鄰，故而李郢也頗知這位才貌過人的女冠詩人。他深知魚玄機心性頗高，加之身世淒涼，心生愛憐。李郢讀過這首〈聞李端公垂釣回寄贈〉詩後，知道玄機有心傾慕於己，便將一首寫給妻子的舊詩〈題水精叙〉抄錄下來，讓人送給魚玄機。詩云：

脈脈兩條秋水色，農夫賤賣古城旁。
何年偶墮青絲髮，問價應齊白玉璫。

插去定難分鏡彩，看時長似滴珠光。
人間更有不足貴，金雀徒誇十二行。

詩中是題詠一支女子簪發所用的水精釵。它從古城邊的農夫手中賤價買來。不知道什麼時候從女子髮際掉落，被這農夫撿拾。其真實價值應當和白玉璫相仿。雖然它看去並不特別耀眼奪目，但妻子卻很喜歡，常年插在頭上，一閃一閃晶亮若一滴水珠的光芒。哪怕人間有更好更貴的髮釵也不覺得貴，她只獨愛這支水精釵。

有道是：「弱水三千，只取一瓢飲。」詩中雖詠的是髮釵，卻滿是不捨髮妻的深厚寓意。魚玄機得知這是李郢贈妻之作，當下便知李郢並無納妾之意，心中不覺有些失落。一次，她望向窗外，一身漁夫打扮的李郢釣魚歸來，便寫下一首〈酬李郢夏日釣魚回見示〉交給他：

住處雖同巷，經年不一過。
清詞勸舊女，香桂折新柯。
道性欺冰雪，禪心笑綺羅。
跡登霄漢上，無路接煙波。

詩中說，你我雖同居一巷中，卻整年難遇。你以清新的文字對我相勸，又在科舉考試中再次折桂。我已盡知你修身養性，用情專一，不為女色所動，不慕富貴繁華，遠非那些尋常好色男子可比。最後一句「無路接煙波」，只好感嘆自己有緣無分。雙方差別有雲泥之隔，行跡漸遠。

遇豪俠，得青睞

這個時候，魚玄機還與一位「豪俠」式的人物結緣。皇甫枚曾記載魚玄機的這段生活說：「復為豪俠所調，乃從遊處焉。於是風流之士爭修飾以求狎，或載酒詣之者，必鳴琴賦詩，間以謔浪。」意思是說魚玄機後來一度曾經隨一位豪俠人物到處冶遊玩樂，飲酒賦詩。風流文人們無不爭相親近魚玄機，有的提著酒食前來造訪，席間彈琴吟詩，還不時開開玩笑，行跡放浪。

這位豪俠人物應當就是魚玄機在山西太原結識的河東節度使劉潼。劉潼，字子固，南華（今山東東明縣）人。劉潼出身官宦世家，自幼好學，後得進士及第，累官祠部郎中，屢建奇功。大中初年，討伐党項羌叛亂，任命劉潼為供軍使。河湟收復後，調師屯守，仍命劉潼負責。後劉潼奉令返京都長安任京兆少尹。後來，山南有農民造反，朝廷命劉潼前往招撫。劉潼挺身直赴造反農民軍的駐地，高呼：「皇上有命，要赦免爾等大罪！」接著陳述利害，善言安撫，感動得義民流著眼淚向他叩頭，謝再生之德。劉潼曾多次就邊防事宜上奏朝廷，很多建議被朝廷採納，因功升為右諫議大夫。後又相繼出任朔方、靈武、昭儀、河東、西川節度使。當時李福討伐南詔，出兵不利。劉潼到後，以和平方式解決，安定了邊疆。劉潼有功於朝，後加封檢校尚書右僕射。卒後贈司空。

可見劉潼此人有膽有識，有勇有謀，並非一般文人墨客，也不是一介武夫。他雖身居高位，但行事不避危難，能隨機應變，不辱王命，頗有春秋時魯仲連等人的風範。同時他在任節度使期間廣納人才，結交豪傑，所以稱其為「豪俠」他是完全擔得起的。

劉潼任河東節度使時，大約因幕府中李億的介紹與魚玄機相識。對她的容貌舉止、才華風度頗是欣賞。劉潼還記得魚玄機當年贈給他的詩作〈寄劉尚書〉：

八座鎮雄軍，歌謠滿路新。汾川三月雨，晉水百花春。
囹圄長空鎖，干戈久覆塵。儒僧觀子夜，羈客醉紅茵。
筆硯行隨手，詩書坐繞身。小材多顧盼，得作食魚人。

詩中稱頌劉潼鎮守太原並統帥河東大軍，其治下的河東地區一片安樂祥和景象。歌頌他的民歌民謠滿路傳唱且不斷更新；他的德政好像汾河、晉水三月間普降的雨，使整個太原城與河東都呈現出百花盛開的新春景象。接著稱讚他的政績：所治之地沒有罪犯，監獄長期空鎖；沒有戰爭，武器都被塵封；通曉儒學的和尚和遊客都慕名而來，一邊欣賞著子夜歌，一邊喝著酒，醉倒在紅褥上。她還讚他「筆硯行隨手，詩書坐繞身」，儼然是一派儒將形象。「小材多顧盼，得作食魚人」，則用《史記．孟嘗君列傳》中齊人孟嘗君門客馮諼彈劍歌曰「長鋏歸來乎，食無魚」典故，讚譽劉潼有孟嘗君救危濟難、禮賢下士的高風。

這位舊相識劉潼以訪道為名，屈尊來到咸宜觀。這時，魚玄機重新見到了當年在太原相識的故人，十分激動。劉潼見那一身道袍的魚玄機依然雪膚花貌，豐姿綽約，才思敏捷，應對得體，心中十分欣賞。他早已得知這魚玄機為李億之妻裴氏所不容，便主動邀她出遊曲江池上，與一千長安文人墨客吟詩作賦。同時，他還為魚玄機所在的咸宜觀捐出大筆銀兩，想以此贏得佳人芳心。

咸通七年（西元八六六年），劉潼被朝廷任命為西川節度使，他在赴西川上任前，還希望攜魚玄機一同前往成都。也許有意納她為姬妾。但是，魚玄機並未應允。她是受過一次傷害的人，不願再把命運寄託在男人的寵愛上。

劉潼身為節度使，手握重兵，雄踞一方，連皇帝也要忌憚三分。這大概是魚玄機此生接觸的最大的朝廷官員了。得到這樣的大人物的青睞，魚玄機的名氣如日中天，前來京師赴考的舉子們無不以結識她為榮。在這樣的情境中，魚玄機早年心雄萬夫的倔強個性開始復甦，那種弱女子逆來順受、自怨自棄的棄婦心態慢慢消隱。當年，魚玄機在及第題名處觀看新科進士金榜時，曾經「自恨羅衣掩詩句，舉頭空羡榜中名」，認為女子身分剝奪了自己金榜題名的權利。而此時，魚玄機對女人自身所具有的力量開始充滿信心。

她在〈浣紗廟〉中這樣說：

吳越相謀計策多，浣紗神女已相和。
一雙笑靨才回面，十萬精兵盡倒戈。
范蠡功成身隱遁，伍胥諫死國消磨。
只今諸暨長江畔，空有青山號苧蘿。

詩中沒有指責吳王迷戀女色而亡國，也沒有為其亡國開脫罪責。她直接描寫西施作為女性在政治軍事鬥爭中顯示出的力量：「吳越相謀計策多，浣紗神女已相和。一雙笑靨才回面，十萬精兵盡倒戈。」可謂極力歌頌西施的才華和魅力。西施的美麗動人和政治智慧竟具有使「十萬精兵盡倒戈」的力量。後兩句「范蠡功成身隱遁，伍胥諫死國消磨」，寫得「語氣陡健，恰如實有其事」（鍾惺《名媛詩歸》）。

這首詩立意新穎，玄機之前沒有人這樣寫過西施。歷來的文人墨客多從美色傾國、紅顏禍水的角度諷喻，以告誡後人吸取歷史教訓。魚玄機卻從女性所創造的歷史奇蹟中，肯定女性自身價值。她不再以紅唇皓齒、柳眉細腰的女性美為滿足，而是在更高層次上對女性的智慧、人格給予肯定和讚美。

這個時候，她的情感已是曾經滄海難為水，不再渴望嫁入豪門去做籠中鳥，不願自己的命運由男人掌握。與嫁給那些豪門子弟為妾相比，她更喜歡咸宜觀裡清靜自由的生活，至少在這裡她能主宰自己的命運，選擇自己想要的生活。

一個年輕貌美的女子，既是精通詩文的才媛，又是自由身分的女冠，她的天空似乎特別開闊曠遠。

據《唐才子傳》記載：「時京師諸宮宇女郎，皆清俊濟楚，簪星曳月，唯以吟詠自遣，玄機傑出，多見酬酢云。」可見，當時京城中的道觀宮宇中有不少像魚玄機這樣能詩善文的女冠詩人，而且大都生得清俊，穿著美飾。其中以魚玄機的文采最為高妙，容貌最為出眾。一眾風流文士與她過從甚密，很多文人墨客和她進行過詩文酬唱。

從她流傳下來的詩集中可以看到，魚玄機曾經寫過很多與文友們交往的文字，也曾多次代擬男子之音，寫下代人悲悼妻喪的「悼亡」之章。

如她曾經寫過一首〈代人悼亡〉：

曾睹夭桃想玉姿，帶風楊柳認蛾眉。
珠歸龍窟知誰見，鏡在鸞臺話向誰。
從此夢悲煙雨夜，不堪吟苦寂寥時。
西山日落東山月，恨想無因有了期。

詩以男子口吻憶念亡妻，顯示女性對男性溫情愛意的渴求。桃夭似火，正如她身姿美好嬌豔；弱柳迎風，疑似嫦娥翩翩欲引人扶攜，惹人疼惜、憐愛。她以龍宮裡的靈珠妙比美麗聰慧的女子，訴說失去愛人之後的沉痛，以鸞鏡猶存、映現當年夫婦廝守的情景，反襯孤鸞般的生者無處訴說衷腸的痛。如今只能在煙雨之夜的夢境裡與伊人重逢，反襯孤獨中苦吟詩篇來寄託哀痛。西山日落，東山月升，年復一年，相思無休無止。文字中幻畫出一個美麗姣好的妻子，一個有情有義的夫君。這樣有溫度、有熱量的文字出自一個處於清靜自持的女冠詩人筆下，可想她內心深處對人間溫暖情愛充滿了深深的留戀和嚮往。

一位新及第的朋友因深愛的歌姬不幸病逝而傷感欲絕。她看過這位朋友的悼亡詩，感覺太過悲傷，就寫下了兩首應和詩〈和新及第悼亡詩二首〉，予以勸解。其一云：

仙籍人間不久留，片時已過十經秋。
鴛鴦帳下香猶暖，鸚鵡籠中語未休。
朝露綴花如臉恨，晚風欹柳似眉愁。
彩雲一去無訊息，潘岳多情慾白頭。

這一首是寫這位潘岳似的情郎多情相思的情狀：鴛鴦帳下的香氣還是暖暖的，那是女子身體留下的餘溫。女子生前喜歡的鸚鵡還在籠子裡說著她生前教過的話。花瓣上的朝露映出她的臉龐，晚風中吹動的柳葉彷彿是她的愁眉。那心愛的人像彩雲一樣再無消息，人間的情郎卻像當年悼妻的潘岳那樣因相思而白了頭。對人間溫情的這種嚮往被魚玄機寫得深沉細膩：「鴛鴦帳下香猶暖，鸚鵡籠中語未休。」鴛帳香溫，自含昔日夫婦溫存的影像；鸚鵡調舌，還響著房幔間的私語。筆下的深情如此繾綣，如此細膩真實，可見魚玄機對愛情的感受十分深刻。「彩雲一去無訊息，潘岳多情慾白頭。」以「彩雲」代指年輕的女性兼有女性美麗、飄忽的含意，她難以追慕，難以掌握，令人神往。

第二首則寫得優美而達觀：

一枝月桂和煙秀，萬樹江桃帶雨紅。
且醉尊前休悵望，古來悲樂與今同。

一枝月桂在煙霧的縈繞纏綿中，顯得秀麗婀娜。月桂花美麗動人，彷彿是那位美麗女子的俏麗容顏，如此美人令人回憶追思。萬樹江桃在濛濛煙雨中益發清新紅豔，讓人內心生起對塵世生活的眷戀與珍惜。「且醉尊前休悵望，古今悲樂與今同」，不要在酒杯前悵望，這樣只會愁上加愁，古今的喜與悲都是相同的，應忘卻憂愁，一醉方休。這就是魚玄機在生死離別方面表現出的達觀之處。

巧合的是，魚玄機的恩師溫庭筠寫過這樣的詩，如〈和友人悼亡〉（一作喪〈歌姬〉）：

玉貌潘郎淚滿衣，畫羅輕鬢雨霏微。
紅蘭委露愁難盡，白馬朝天望不歸。

寶鏡塵昏鸞影在，鈿箏絃斷雁行稀。
春來多少傷心事，碧草侵階粉蝶飛。
再如〈和友人傷歌姬〉（〈和王秀才傷歌姬〉）：
月缺花殘莫愴然，花須終發月終圓。
更能何事銷芳念，亦有濃華委逝川。
一曲豔歌留婉轉，九原春草妒嬋娟。
王孫莫學多情客，自古多情損少年。
從內容來看，它們可能寫的是同一件事。

咸宜觀，醉風情

黃昏時分，窗外風吹得竹林沙沙作響，不久又下起了雨。雨水打在窗外的竹葉上，點點滴滴，淅淅瀝瀝，讓魚玄機心頭愁意難釋。她點亮了燈，從枕下取出了幾本書——是道家的幾本典籍，隨手翻了翻卻無心深讀，於是便取了紙筆，在燈下寫下一首〈愁思〉：

落葉紛紛暮雨和，朱絲獨撫自清歌。
放情休恨無心友，養性空抛苦海波。
長者車音門外有，道家書卷枕前多。
布衣終作雲霄客，綠水青山時一過。

這首詩又名〈秋思〉。秋天的傍晚，落葉紛紛，暮雨霏霏。魚玄機獨自撫琴而歌，她居然感到某種釋然。那些薄情無心之人終於可以放下了，那些俗世中的無窮煩惱盡皆抛開了，可以隨性而為，修身養性。可以經常與那些飽經世事、性情超逸的師友們交遊來往，可以潛心讀一讀那些道家典籍。本為一介布衣的小女子如今做了修道之士，可以不時雲遊山林、浪跡五湖。

然而，她的心境並不能一直如此釋然，而總會被身邊之事挑起陣陣漣漪。

某日，一位容貌不俗的村姑來到咸宜觀裡。她邊燒香邊哭泣，十分傷心。魚玄機不禁上前問她有何傷心事。那村姑告訴她說，情郎狠心棄她而去，讓她失去了生活的信心。魚玄機心有同感，頓起憐惜之心。

晚間，她在床榻上輾轉難眠。想來自己姿容尚佳、能詩善文，正當青春年華，對任何男人都是一份無法忽視的誘惑。誰知這一份女人最強大的資本，竟無以抗衡一個平庸女人背後的顯赫家族。她也知道，那個溫文爾雅的年輕男人並不是不愛她，而是無法抗拒仕途前程和萬貫家財的強烈誘惑。而那一切恰恰都是她無法給予的。

想到這裡，她再也無法入睡，便只得起身點燈翻看會書。她讀到了宋玉的〈登徒子好色賦〉。賦中說：「東家之子，增之一分則太長，減之一分則太短；著粉則太白，施朱則太赤；眉如翠羽，肌如白雪；腰如束素，齒如含貝；嫣然一笑，惑陽城，迷下蔡。然此女登牆窺臣三年，至今未許也。」

這宋玉說自己風儀俊美引得鄰家女子時常窺看，她讀了不覺失笑，卻忽而心有所感。這鄰家女兒真是大膽可愛，才不管世俗禮法如何，亦不管宋玉是否有意，只要她喜歡，就可以爬牆上偷窺宋玉三年。人活著，不是正應當和她一樣自由坦蕩？與這鄰女相比，自己倒真不如也，為了一個李億在這裡自傷自憐，又何苦呢？

她想起日間所遇的村姑遭遇竟和自己如此相似！一時心有戚戚，於是研墨鋪紙，在燈下寫就一首〈贈鄰女〉：

羞日遮羅袖，愁春懶起妝。
易求無價寶，難得有心郎。
枕上潛垂淚，花間暗斷腸。
自能窺宋玉，何必恨王昌。

此詩一作〈寄李員外〉，一作〈寄李億員外〉。可見，這首詩還有可能是寫給前夫李億的。從詩意可以看出，此詩是在咸宜觀當道士時寫的，可以把這首詩看成是魚玄機對李億絕望後表達心跡的詩。

「羞日遮羅袖，愁春懶起妝」，女子在陽光下用長袖遮臉，怕讓人看見自己愁眉不展；

春日遲遲，仍無情無緒，懶於梳妝。這是化用《詩經．伯兮》中的「豈無膏沐？誰適為容」之典，意為女為悅己者容，因情郎變心而懶於梳妝；與溫庭筠〈菩薩蠻〉中「懶起畫蛾眉，弄妝梳洗遲」意味相似。世間無價寶易得，而有情有義的郎君卻難遇。「枕上潛垂淚，花間暗斷腸」，於是女子夜間枕上暗自流淚，白日在花間徜徉時也不禁暗自斷腸。忽然間，她似乎領悟到：「自能窺宋玉，何必恨王昌。」宋玉，楚國鄢人，相傳為屈原弟子，辭賦大家，體貌嫺麗；王昌，東家王昌，一般認為是魏晉時人。古樂府詩云：「人生富貴何所望，恨不早嫁東家王。」唐人崔顥〈王家少婦〉云：「十五嫁王昌，盈盈出畫堂。」李商隱詩中也有云：「誰與王昌報消息，盡知三十六鴛鴦。」一般用王昌以代指貌美多情的男子，或以指風流而用情不專的浪子。魚玄機詩中是藉用宋玉、王昌比喻意中情郎，意謂作為女子，自己就可以去大膽追求世間值得去愛的男子，何必去怨恨那些薄情郎呢？

這首詩不只是她人生的分水嶺，又幾乎是她日後生活的宣言：既然找不到有情有義的男人，夜裡流淚、白天斷腸能有什麼用？既然自己有能和宋玉相配的才貌，為何不及時行樂？又何必徒費心思惱恨那薄情寡義的王昌呢？「易求無價寶，難得有心郎」，這是她自己刻骨銘心的人生經歷，也是她的慘痛教訓。她深刻體會到，真正的愛情其實很不容易得到，女子即使付出再高昂的代價，也難遇到真心相愛的人。

「自能窺宋玉，何必恨王昌」這句則象徵著她從此不再有所顧忌和牽掛，開始自我救贖。她要衝破一切羅網，縱情於自己喜愛的男子，尋找屬於自己的歡樂。在此之前，她是一個秀外慧中、痴情的賢淑才女；從此，她看破了世事真相，只為自由地追求心中所愛而不必再有所牽掛、有所顧忌。她以這種方式來告訴溫庭筠和李億，魚玄機並不是只會以淚洗面的弱女子，也敢愛敢恨。

墨西哥詩人奧克塔維奧．帕斯（Octavio Paz）說過：「愛情的痛苦，即是孤獨的痛苦。」，「在這個世上，愛情幾乎是一種無法到達的體驗。」，「愛情不是自然的行為，而是人為的，根據定義，是最為人為的，也就是說，它是一項我們所做的創造，自然界中卻不存在。它是我們已經做過的，每天都做的並且不斷放棄、損毀的。」他又說：「女人生活在男性社會所強加的形象之中，因此她只能選擇與自我決裂。『愛情改變了她，使她成了另外一個人』，這個句子通常用來描繪墜入愛河的女子。這是事實。愛情使女人變成了另一個人，如果她勇於去愛、去選擇，如果她勇於做回自己，她就應該與這個世界強加於她頭上的那個形象決裂。」

是的，正是因為愛情，魚玄機深刻地察覺到了某些人生真相。她開始與那個強加於女性頭上的形象決裂了。她不再認為溫良恭儉是女性天生的美德，不再認為依附男人是女人天生的宿命。咸宜觀景象依然如故，她的心境卻大有不同。自從吟出「自能窺宋玉，何必恨王昌」的詩句，那個柔弱的、渴望愛情的小女子魚幼微，便在深秋死去，她現在已經化蛹成蝶。此時，她是一個女冠，從某些意義上來講，她更是一個自由人。世俗的某些清規戒律於她而言已經沒有意義。

是的，變幻莫測的命運之神將她撕裂、摔碎、注水、揉捏，隨後重新組合，讓她完完全全地變成另外一個人。是的，從此一個弱女子可以挑男人，而不再是男人挑她。這是夢嗎？也許，不是夢。於是，魚玄機帶著那熱情洋溢的才情與銳氣，挑戰大唐芸芸眾生的視聽神經。

是的，李億並不是珍惜自己感情的「有心郎」，只是追求一時豔遇的薄情人。魚玄機從此以追求理想中的知音之愛為目標，喊出「自能窺宋玉，何必恨王昌」這樣的女性宣言，已類似現代女性自主追求愛情的意識，在詩歌中發出純粹女性立場的獨特聲音。雖然她並不是成心要和男權作對，也並無現代意義上的女權意識，但是她執拗地從自己作為一介女流的所想、所思、所愛、所欲出發進行寫作，無疑就是突顯了女性意識。

千年之後，人們對魚玄機的詩有了各種不同解讀。後世有學者稱道，在古代很少有像魚玄機這樣，能夠在詩歌中吟唱出原生態的、天籟般的、純粹的女性心聲的女詩人。現代文人學者更將她推到了勇於表達愛情、勇於追求男女平等的高度。甚至還有人據此稱她是唐朝的「西蒙．波娃」，是女權意識的先聲。其實，如果我們設身處地想想魚玄機的一生，她在自己的那個時代該是多麼孤獨、悽慘、悲涼。她留給後世的詩歌為我們建構了一個唐代女子的生命經驗和真情實感的世界。

如今，魚玄機的一切早已淹沒在歲月煙塵之中。可她的詩、她用淚與血寫成的文字、她一生坎坷的命運，始終唱著女性意識救贖的悲歌。聲音雖然有些輕柔、細微，可後來的人們聽到了，聽懂了。

其實，魚玄機這種女性自主意識的形成，還與當時唐朝道教文化有關。

唐朝上層社會和名流詩人都崇奉道教，當時上自將相大夫，下至凡夫走卒，皆煉丹服藥，入道仙遊。不少公主、妃嬪、官僚姬妾、宮女，甚至平民女子紛紛「洗妝拭面著冠帔」。唐代道觀寺院繁多。由於上層統治者的垂青和眷顧，道觀裡的道士、女冠逐漸成為一個特殊的階層，他們獲得了與眾不同的社會地位。尤其值得注意的是，當時政策將道士與女冠列為同等，沒有性別、尊卑之分。而且道教教義本身主張「道法自然」，將「清心寡欲」、「寂寞無為」作為通向「道」的必經之路。

所以，道教的女性觀在無形中呈現了男女平等的一面：它淡化家庭人倫價值，不提倡對女子的道德束縛、貞操說教。在道教教義的滲透下，這時的道教徒不再像儒者那樣斤斤計較男女差異。女道士亦是如此，她們的思考方式和心理框架得到了重塑，展現出與俗世女子不同的風采。唐朝女性對嫁的人不滿意，不用所謂的「離婚」，而是入道三月，即可另找夫君嫁人。當時的女性入道，無非是想在道教裡尋找自由。

唐代的女道士，往往都有一定的社會地位和文化修養。唐玄宗的胞妹玉真公主就入道並擁有多處道觀，因為出家可以更自由地交納風流才子。武則天、楊玉環曾先出家，後重新入宮。這些公主、嬪妃入道修真，帶動了一票知識女性入道清修。這些知識女性所寫的「神仙詩」，富有渴望成仙的浪漫色彩，大多收錄了《全唐詩》裡。可以這樣說，提起唐朝的文學，就不能不提及女性慕仙求道的詩歌。唐朝女冠墨客成為文壇一景，先後出現楊玉環、李冶、薛濤、魚玄機等女墨客。女冠墨客詩文中多有關於男女情懷和愛情生活的描述，文字間縈迴著女性特有的纏綿情意。女冠詩人像一朵朵斑斕飄逸的彩雲，在歷史的沉重中輕盈掠過，化作一抹亮麗而永恆的記憶。

唐朝社會開放的風氣使得一部分女冠跟士人交往成為「潛時尚」。美麗女冠與風流文士的香豔故事，成為唐朝一曲華麗風流的詠嘆調。道觀可以是修道之地，可以是轉換身分的地方，可以是當時文人墨客社交會友的地方，甚至有些時候還成了男女偷情的場所。女冠們不受世俗禮法的約束，講品味，擅風情，弄風雅。女冠們最喜歡的客人是「腹有詩書氣自華」的文士。公主、貴婦入觀，往往身旁伴隨著一批文人吟詩作對，甚至放浪謔情；又有李冶等很多另類女冠，不受禮法約束。加之中晚唐狎遊之風盛行，很多男性文人與女道士結交，頗為投緣。這樣充滿熱情的生活能喚起他們創作的靈感。〈女冠子〉、〈天仙子〉等詞牌名就是在這樣的場合產生的，最初寫的就是這種與女冠遊冶的生活。才子詩人李商隱詩中的好多靈感和情感，據說都和一個叫做「宋華陽」的女道士有關。

唐代很多士子們在趕考交遊的時候，也特別愛住在寺廟道觀，尤其是女冠生活的道觀。道觀提供了他們自由往來的空間，有才華、姿色的女道士，既能談玄論道，又富女性魅力，文人與之詩詞酬答，眉目往還，實在愜意。所以，唐代一些詩人筆下的女道士往往有姣美之姿，能以歌舞娛人，流連詩酒，善解風情。可以說，嫵媚多情的女冠是唐五代一道色彩迷離而炫目的風景。

咸宜道觀地處長安東城朱雀門大街之東的親仁坊，緊鄰繁華的東市，北面隔一坊就是藝妓聚居的平康坊。咸宜觀最初是唐睿宗李旦未稱帝時的藩王府。玄宗開元年間，改為「儀坤廟」。唐玄宗在這裡修建儀坤廟，用來供奉父親睿宗皇帝的兩個妃子——昭成皇后和肅明皇后，其中昭成皇后是唐玄宗的生母。開元二十一年（西元七三三年），改為肅明道士觀。寶應元年（西元七六二年）咸宜公主入道，又更名「咸宜女冠觀」。咸宜公主是唐玄宗和武惠妃的女兒，很受唐玄宗寵愛，受封一千戶。雖有父皇寵愛，婚姻卻不順利，咸宜公主先「下嫁楊洄」，楊洄因涉嫌謀反被賜死後，「又嫁崔嵩」。崔嵩亡故後，咸宜公主出家，修行約二十年，「薨興元時」。

咸宜公主出家後就一直住在咸宜觀。從此，咸宜觀成為長安城中的一個有名的道觀。「士大夫之家，入道，盡在咸宜。」長安城中許多達官貴人家的女子入道後都在咸宜觀居住。咸宜觀規模較大，觀內壁畫都是丹青名手所作。晚唐詩人許渾曾經寫過一首〈宿咸宜觀〉：

羽袖飄飄杳夜風，翠幢歸殿玉壇空。
步虛聲盡天未曉，露壓桃花月滿宮。

那時咸宜公主已死，但道觀空置著也浪費，便收住了一些官僚家的閨女為道姑。當魚玄機因種種機緣住到咸宜觀後，這裡注定就成為是非之地。咸宜觀靠近東市，外面紅塵熱鬧喧囂，道觀中卻自成清幽世界。

魚玄機在咸宜觀中居住，雲房恰如深閨，地上鋪著淺藍地毯，爐香悠悠，深院寂寂。門外梧桐搖曳，桂花飄香，金菊點點。她則整日間品茶弈棋，讀書彈琴。偌大的咸宜觀院落裡，花木繁蔭，陽光斑駁細碎，落地無聲。偶爾，她的目光也會落在道觀中她親手種下那三棵柳樹上。枝條泛青，裊裊飄拂，竟讓她心底泛起一陣遙遠的溫馨和懷念，想起當年的那首〈賦得江邊柳〉，她的童年，她的夢想，她最初的情愫。

有時，她也會登上道觀的高樓，極目遠望那群峰疊嶂的山巒。也偶爾會想起那個叫李億的人來。如今想起他來，竟然恍如隔世。當初那種痛不欲生、恨不能死的瘋狂與痴情，原來也真的可以被歲月沖淡，只發酵成一些酸酸的苦澀。

只是，她不敢讓自己有大把的閒暇時間獨處，她已怕極了寂寞，不堪忍受時而浮現在腦海中的那個身影。飛卿啊飛卿，你若見了學生今天這般模樣，會是怎樣一番心境？然而一轉身，她的心事就會百轉千迴：過去的事情雖然美好難忘，但終究已成往事。她今天的生活和快樂才更加重要。她不想以眼淚示人，尤其重要的是不想乞求男人來愛她、可憐她。

當年她是那樣心高氣傲：「自恨羅衣掩詩句，舉頭空慕榜中名。」那些鬚眉男子中不也有那麼多才學不如她的酒囊飯袋？她要是男人，憑著才學也一定絲毫不輸那長安城裡香車寶馬的輕裘公子、五陵年少！須知，她這飽讀詩書的弱女子也有一身風骨，也有權力尋找自己人生中的歡愛和快樂。

那日，一個叫裴澄的文人官員前來，自稱對魚玄機十分愛慕，想一睹芳容。這位裴澄並非庸常之輩，是山西聞喜人，德宗朝進士第，也是一位知名詩人。《全唐詩》中曾收錄他的一首〈春雲〉：

漠漠復溶溶，乘春任所從。
映林初展葉，觸石未成峰。
旭日消寒翠，晴煙點淨容。

霏微將似滅，深淺又如重。

薄彩臨溪散，輕陰帶雨濃。

空餘負樵者，嶺上自相逢。

他拜訪魚玄機，原本也是仰慕魚玄機的詩名，以詩會友。本來玄機對於登門拜訪的香客還是很客氣的。可聽說此人姓裴，玄機心中那刻骨的怨恨就緩緩滲出來。她恨天下所有姓裴的人，因為有一個姓裴的女人奪去了她所有的幸福。

她冷冷地說：「恕玄機不見遠客。」不明所以的裴澄瞪大眼睛，一臉尷尬，忙問何緣由。魚玄機哂然一笑：「沒什麼理由，就是不願見你而已。」

裴澄氣極，臉漲得通紅，恨恨地說：「簡直莫名其妙！誰不知道咸宜觀魚玄機是天下第一浮花浪蕊，人人都可親近，還裝什麼清高？」

魚玄機氣極反笑：「你說對了，我就是浮花浪蕊，天下男人都可親近，可就是不見你這姓裴的。」

裴澄憤然轉身下山，臨走前回頭丟下一句話：「有你後悔的時候！」

回房之後，魚玄機兀自怒氣難消。好啊，不是責我浮花浪蕊嗎？我偏要做給你們看看。她拿出一張紅紙，揮筆寫下「魚玄機詩文候教」七個大字，跑到觀外大樹上貼起來。

這張告示無疑是一幅高張的豔幟，也恐怕是歷史上最為轟動香豔的街頭廣告了。不到幾天工夫，消息就傳遍了長安。

綠翹此時已是個初長成的姑娘，性情活潑如山中小鹿。魚玄機曾尋思要教她識些字，再讓她熟讀一些《道德經》之類的道家典籍。這綠翹倒是聰慧無比，可對道家經典卻無興趣，只喜歡陪著師父在山中採花玩耍，或陪師父煉製丹藥。

咸宜觀中，魚玄機陪客人品茶論道，煮酒談心；興致所至，遊山玩水，好不開心；遇有英俊可意者，就留宿觀中。她成了豔名傳遍整個長安城的美女道士。據說她性格有些怪癖，若是她看不上眼，對方一擲千金也難博她一笑；若是她一見鍾情，對方分文不取也可一親香澤。自認有幾分才情的文人雅士、風流公子，紛紛前往咸宜觀拜訪魚玄機，談詩論文，聊天調笑。

魚玄機此時既有少女的嫵媚，又有成熟女性的風韻，再加上她的才華和風情，不知使多少人拜倒在她的石榴裙下。她用自己的美貌和詩文吸引這些名士與貴公子，與他們關係曖昧，若即若離，不時向他們拋個魅力十足的媚眼，盡現風情。更樂意看著他們搶奪自己所寫的詩箋，並為此感到一絲自得和快意。

也許魚玄機自己都從沒想到過，自己有一天可以這麼受人追捧，這麼紅。而且追捧她的並不是走夫販卒、引車賣漿市井之流，而是那些飽讀詩書的應試舉子、風雅俊逸的文人墨客。這些人是真心為她的美貌和才華傾倒：她剛寫的詩作就傳遍文化圈；剛發生的有關她的事就迅速傳遍京城。她的一顰一笑都能讓他們目眩神迷。

魚玄機驚異地看著這一切，沒想到自己一個弱女子、一個曾被人輕易拋棄的外宅女，居然如此有魅力，很多男人想見她一面居然不可得。是啊，「自能窺宋玉，何必恨王昌」。作家三毛曾說：「那時的我，是一個美麗的女人，我知道，我笑，便如春花，必能感動人的——任他是誰。」做女人也許就是要做得這般自信。

身在咸宜觀的魚玄機廣交天下客，枝繫八方舟。她要的就是人聲鼎沸、熱熱鬧鬧，要的就是那種繁花似錦、夜夜笙歌的感覺。此時，魚玄機眼裡的長安，是浮豔華麗的長安，是奢靡放縱的長安，更是衰朽腐爛的長安。一群美麗嬌俏、風情萬種的女子出沒於長安城虛靜寂寥的道觀。女道士充滿仙風道氣的「星冠霞帔」，掩蓋不住整個大唐風流歲月的青春氾濫與情感躁動。而魚玄機以她的美貌，她的才情，她的風流放浪，在這偌大的長安城豔幟高張。

窺宋玉，嘆無緣

那時，一個叫左名場的書生，身著一襲青衫，手搖一把白紙扇，也慕名走進了咸宜觀。

左名場和魚玄機是當年在山西太原時的舊識了。他到長安赴試，就住在咸宜觀附近的旅館內。左名場在旅館裡安身後，專門讓人傳話，告訴魚玄機自己已經到京，隨後他人就到。

左名場早在來京之前，便已知應試學子中流傳甚廣的「女冠詩人」韻事。長安城裡，匯聚著來自全國各地的學子。他們懷揣著蟾宮折桂的夢進京應試，餘暇時光則走馬看花賞柳，流連風月。據那些返鄉舉子們繪聲繪色的描述，這長安城親仁坊裡有個咸宜觀，幾年前來了一個「蕙蘭風姿」、「色既傾國」的妙人。她在觀外挑起一張旗幡，上書「魚玄機詩文候教」幾字。那份姿態搖曳的曼妙風情引得好事者趨之若鶩，爭先恐後一睹芳容。

其實，左名場早知這咸宜觀中的女冠魚玄機，便是當年山西太原府遇見的魚幼微。那時她還是山西節度使幕府中從事李億的小妾。那李億攜魚幼微返回長安後，沒幾年就外放揚州為官，將這位心高氣傲的幼微姑娘安置到這咸宜觀中。如今，那位言笑晏晏、時時臉頰紅暈的才女魚幼微，已然成為紅透長安詩壇和社交界的女冠詩人。

左名場來到親仁坊咸宜觀和魚玄機見面。其時，魚玄機正當韶華之年，雖然做了道士不施粉黛，也掩不住膚如凝脂、面似桃花、意態風流，令人見之忘俗。魚玄機得知這位當年太原結識的翩翩佳公子即將到京，便「忽喜扣門傳語至」。

她情不自禁地在〈左名場自澤州至京使人傳語〉中寫道：

閒居作賦幾年愁，王屋山前是舊遊。
詩詠東西千嶂亂，馬隨南北一泉流。
曾陪雨夜同歡席，別後花時獨上樓。
忽喜扣門傳語至，為憐鄰巷小房幽。
相如琴罷朱弦斷，雙燕巢分白露秋。
莫倦蓬門時一訪，每春忙在曲江頭。

詩中說左名場是舊遊知己好友，曾經一起出遊吟詩，夜雨同席。忽然聽人說左名場要來京，她欣喜不已。為他準備的鄰巷小房十分幽靜，當可讓左公子一住。

「相如琴罷朱弦斷，雙燕巢分白露秋」是用司馬相如之典。西漢才子司馬相如貧困時，到四川臨邛尋訪好友縣令王吉。時有當地首富卓王孫之女卓文君新寡，司馬相如在卓王孫家宴會上當眾彈奏琴曲〈鳳求凰〉，以此挑動文君。卓文君在窗外偷窺，見司馬相如容貌英俊，才華橫溢，當夜隨其私奔。

這兩句可以有兩種解讀，「相如琴罷」，可解作「相如情罷」，這裡可以看作是用「相如」來比作拋棄自己的男子李億。因左名場知道李億和她的關係，所以魚玄機這裡意在向左名場說明，李億和自己已恩斷情絕。同時這兩句也可能是在說左名場已喪妻單身。「相如」當然就是左名場了。「朱弦斷」在古時有喪妻、失妻的含意。所以說左名場喪偶是可能的，時間是在白露節氣前後。

「莫倦蓬門時一訪，每春忙在曲江頭」則是希望左名場到了長安後，除了應試科舉和遊覽曲江風光，也希望他能時常光臨一下咸宜觀。此時，魚玄機詩中已有些曖昧成分了，如「曾陪雨夜同歡席」就寫出了某種親密無間的狎暱意味。

此時，故人在京城咸宜觀中見面，她毫不掩飾自己的喜悅之情。兩人談起當年自太原一別後歷經諸多曲折，都不禁唏噓。魚玄機想到當年陪同李億在太原得遇書生左名場，如今委身在此道觀中，還能與故人相遇，內心真是感嘆。她告訴左名場若不嫌棄，閒時便過來說說話。

左名場點頭嘆息，大概也感到有些物是人非，想想當年太原相遇的情形，讓人只覺得恍若夢中。他告訴魚玄機，劉尚書返京後又去了西川。聽說他還來過這咸宜觀。他正是因此得知魚玄機已入道觀清修。魚玄機告訴他，劉大人是戀舊之人，專程到這觀裡看望她，吟詩佐酒，豪氣不改。

兩人又聊起了魚玄機的恩師溫庭筠。他先是被貶到隨州，後來幾經輾轉，流落襄陽等地。仕途坎坷，生活也是窮迫不堪。前些年，因為夜間在街頭向人討要酒水，被巡夜的士兵打落了牙齒，狼狽不堪！

魚玄機心中酸澀難過。溫飛卿曾將此事訴於出鎮淮南的令狐綯，卻沒有下文。飛卿只好親自到長安，致書公卿，申說原委。左名場和她一樣，始終敬重溫先生，相信他肯定只是暫時困窘，以後一定會好的。就憑這一番話，魚玄機對這位書生產生了特別的好感。

然而，此次進京應試，一向才高八斗、出口成章的左名場卻黯然落第。他自覺無顏面對家鄉父老，索性以遊學為由，羈留京都，以圖來年再試。於是他便寫信向家中索得盤纏，準備長住咸宜觀邊的旅館。

這左公子早已仰慕魚玄機才貌俱佳，有心拜在其石榴裙下，而無意唐突傷情女。每每當他走進咸宜觀裡，但見得花徑方掃，蓬門始開，那位女冠麗人一頭烏髮高高揚起，欣然蓮步快走，直奔情郎而來。二人相約同遊曲江，登慈恩寺塔；在咸宜觀中品茶聊天，談玄論道，後來又談起詩詞文章，一來二去竟是十分投緣。

寒食節到了，住在西邊的鄰居左名場差人送來詩一首。她細細讀了一遍，頗覺意味無窮。那詩意大致是說與她為鄰，常有思慕之心。正是寒食節到來之際，一個人獨斟獨酌，頗覺心情孤悶。想和她一起飲酒，卻又擔心她有事相擾。故而安慰自己將來有時間再約吧。

魚玄機接到左名場的詩稿後十分高興，「一首詩來百度吟，新情字字又聲金」。她不禁反覆吟誦，細細體會，感到詩中的每個字都似金石之音，擲地有聲。這是讚嘆他的文學才華。

魚玄機讀罷，心頭一熱，便提筆與左名場詩歌唱和，寫下一首〈次韻西鄰新居兼乞酒〉：

一首詩來百度吟，新情字字又聲金。
西看已有登垣意，遠望能無化石心。
河漢期賒空極目，瀟湘夢斷罷調琴。
況逢寒節添鄉思，叔夜佳醪莫獨斟。

詩題中說這首詩是〈次韻西鄰新居兼乞酒〉，可見是剛剛搬到西邊比鄰而居的左名場有詩在先。魚玄機和詩還兼乞酒，有主動大膽的親近之意。可見，敏感而多情的魚玄機像宋玉筆下東家女一樣對愛情大膽追求，主動向西鄰的左公子登門要酒喝。

詩中「西看已有登垣意，遠望能無化石心」化用兩個典故，即東家女登牆暗窺宋玉、望夫女苦苦等夫歸來。望夫女典故出自《太平御覽》引《幽明錄》曰：「昔有貞婦，其夫從役，遠赴國難，婦攜幼子餞送此山，立望而形化為石。」後多以此比喻愛情的堅貞與精誠。劉禹錫〈望夫石〉云：「終日望夫夫不歸，化為孤石苦相思。」

「河漢期賒空極目，瀟湘夢斷罷調琴」意為牛郎織女隔著銀河期待相聚，望眼欲穿；

而瀟湘妃子不能與舜帝夫妻團圓，也只好停止彈琴奏曲。這兩句詩意思是我們不要像他們那樣，明明心中牽掛對方卻孤身獨居，不去主動追求愛情。

最後勸他「況逢寒節添鄉思，叔夜佳醪莫獨斟」。何況正值寒食節氣，難免思念家人，鄉愁縈懷，深深感到一人漂泊在外的孤獨。所以，你這位酷肖嵇叔夜的男子不要一個人獨斟獨酌。這兩句就好比是對左名場說：喝悶酒會傷身的，所以我就上門來討酒喝了。就讓我來陪陪你吧。

詩中提到的「叔夜」是「竹林七賢」之一的嵇康的字。嵇康是個美男子，風姿秀美。《世說新語》言：「嵇康身長七尺八寸，風姿特秀。」見者嘆曰：『蕭蕭肅肅，爽朗清舉。』或云：『肅肅如松下風，高而徐引。』山公曰：『嵇叔夜之為人也，巖巖若孤松之獨立；其醉也，巍峨若玉山之將崩。』」

可見，魚玄機眼中的左名場高大俊逸，灑脫爽朗，有魏晉名士之風。魚玄機的詩中屢屢出現宋玉、王昌、潘岳、嵇康等美男，其實表達了這位「花痴」詩人特別青睞有才貌的美男子。所以，她對才子左名場的傾心也就是很自然的了。從詩中所描述的情況來看，她不僅僅只是示愛，而且有託付終身的意味。因為「遠望能無化石心」一句，是表達願嫁給他為妻，相守終生。

仔細體會，這首詩如果翻譯成現在的話。首聯就相當於稱讚：「左公子，你太有才了。」而頷聯則相當於表白對方：「我願意嫁給你，永遠不分開。」頸聯則相當告訴他：「只要有你，我什麼都不在乎。」尾聯則直白地說道：「不如我們在一起吧。」

可見，魚玄機在這首詩中表現出的熱情主動，一點不亞於現代社會裡的年輕女性，以至讓現代作家都不禁驚嘆，稱讚魚玄機「寫著頗為大膽的愛情詩」。

魚玄機愛他青春年少，儒雅風流；那左名場也十分傾慕魚玄機的美貌、才學和詩賦靈氣。不久，兩人又以詩詞唱和，情愫漸濃。也許，她在左名場身上看到了溫庭筠般的才華，看到了李億的風儀和氣度。每到左名場起身告辭時，她總會感到一種失落感，便輕聲相勸：「你我都是孤身在外，想家的時候就到我這道觀裡來。不要一個人在客棧裡獨自喝悶酒，那會傷身子的。」

左名場從她的眼中讀出了某些溫暖的關切和眷戀，感動地點點頭。只是從此，左名場便似落入綺麗夢境般，與魚玄機吟詩作畫、吹簫撫琴、耳鬢廝磨。終於有一天，因大雨驟至無法再回客棧去，他只好與魚玄機一直暢談到深夜。而那一夜，左名場留宿在她的雲房中，二人在裊裊香煙中交頸而眠。那晚，她獲得了一個儒雅美男子無微不至的溫存和體貼。這位左郎就像是上天替她準備的一甕美酒陳釀，簡直讓她整個心魂都為之沉醉！

後來，魚玄機一顆芳心便繫在了左名場身上。然而這段原本美滿的情緣最後也不了了之，在左名場離開長安後不知所終。

聞喜鵲，迎潘岳

魚玄機在〈迎李近仁員外〉的詩中，寫過這樣一個溫馨的場景：

今日晨時聞喜鵲，
昨宵燈下拜燈花。
焚香出戶迎潘岳，
不羨牽牛織女家。

清晨起來就聽到喜鵲的喳喳叫聲，昨夜的油燈居然在燃燒時結成了燈花，這都是有喜事來臨的預兆。於是玄機馬上沐浴焚香，朝那燈花拜了幾拜，就聽到綠翹在外面歡喜地叫喊著：「玄機姐姐，李員外回來啦！」她聽了趕忙欣喜地起身出門，迎向她心中的情郎。此時的歡喜與幸福簡直連牛郎織女都要羨慕他們了。

潘岳是西晉太康時期的著名詩人，而且是美男子。潘岳每次坐車出城，都有女子為他的美貌所吸引，將他團團圍住。有時還不停地向潘岳的車上扔水果，以示愛慕之情。在魚玄機的眼裡，李近仁就是這樣一位美男子，這樣一位讓她傾心愛慕的情郎。有了他，牛郎織女都不值得羨慕了。

這首詩中將魚玄機聞情郎到來時的喜悅心情表達得淋漓盡致。應當說，這樣的快樂時光在魚玄機一生中是不多見的。這樣縱情奔放的詩情在她的詩作中也是少有的。明代詩評家鍾惺讀後說：「如此而猶遭棄斥，吾不知其尚有心胸否也？紅顏薄命，為之深慨。」

不過關於這位李近仁，後世學者猜議紛紜。有的說就是那位李億，字子安，號「近仁」，這個號應是魚玄機為他所取。

有的則考證出晚唐還有一位李近仁，這位李近仁是曹州刺史李續之子，任汝州刺史，在《郎官石柱題名》祠部郎中有題名，在曹鄴之後。他於咸通十二年（西元八七一年）左右任禮部郎中，此前曾任數年員外郎，和魚玄機居咸宜觀的時間正好吻合。其實，從詩中表露出兩人深厚的情感來看，很像是李億。不過既然晚唐真有這樣一位叫李近仁的員外郎，那麼就不能憑想當然認定是李億。

有的猜測可能是一位富有的絲綢商人，經常資助咸宜觀裡的魚玄機。「員外」一詞在唐代有時也用作稱呼社會上有一定身分地位和聲望的士人或富商。所以，我們不妨認為，除了左名場，與魚玄機來往密切的還有一位做絲綢生意的富商李近仁。

這位李近仁生得英俊瀟灑，魚玄機戲稱他「潘安」。這李近仁原本是極愛魚玄機的。他時常遠赴蘇杭採辦貨物，經久不見人影。但他一返京就必定到觀中探望魚玄機，帶給她許多綢緞織繡之類的禮物。而且，魚玄機在咸宜觀中的開銷用度基本上由李近仁提供。他還絲毫不干涉魚玄機的創作與交遊，魚玄機在委身李近仁的同時，又可自由地與各種人物交往。這位風流多情而又多金的富商李近仁，讓魚玄機感到了某種依賴。

每次李近仁至，魚玄機就如〈迎李近仁員外〉中，描述的情形：「焚香出戶迎潘岳，不羨牽牛織女家。」簡直就像閨中等候已久的少婦，歡天喜地迎接遠遊歸來的夫君一般。

然而，寵極就會衰，愛久也會淡。一段看似和諧美好的情感又不知不覺走到結束的時候。

屋簷上的積雪還未化盡，磚瓦上殘存著一層淺白的霜雪，水珠順著簷角緩緩滴下，敲擊著院裡清冷的小徑。李近仁已經收拾好，前來辭行。玄機正在鏡前梳妝，此時她心情複雜。

她真希望他就這樣永遠待在長安，她不問他家中的事情，也不去揣想未來，只願意這樣能陪伴他一日，就陪伴他一日。可他終究還是要走了。昨晚，北風呼呼颳了一夜，院裡的樹木葉子都落盡了。兩人溫存纏綿過後，魚玄機默默起身來到窗前。窗外庭院裡，被寒風打落的梧桐葉子落了一地。

李近仁見她不高興，便走到她身邊說：「玄機，我該走了。這趟生意對我很重要，我必須再到浮梁去一趟。這一去，也不知多久能回來了。」玄機懶懶地點點頭，準備送他出門。李近仁雙手握住她的肩，微微一笑說：「不要送了，外面冷。你多保重！」玄機淡淡地點點頭。等他出門後，她還是默默跟在了他身後，目送他騎馬出觀，直到看不到他的背影。

她知道他終究是要離去的，他始終是屬於繁華人世，不屬於這寂寞道觀的一個女冠。他其實一開始就沒有承諾什麼。這樣的結局她本該早就能想到，很想就這樣平靜地送他離去，可最後眼淚還是默默流淌下來。

其實，只有魚玄機自己心裡清楚：她的愛情在紅塵之中注定無處安放。

如今的那些激情與歡愛過後，內心滲進的是一絲絲淒涼的苦澀：男人，畢竟還是屬於別人的，他們終究要回歸塵世，回歸他的家庭；那麼多情話纏綿，不過是天亮即告別的露水情緣。她知道，也不能不知道。其實像她這樣的人，「老大嫁作商人婦」，也很容易，隨便找個有錢的商人做妾甚至做妻，都不難；只是她渴望的，是真心真意的心靈相通，而那些跟她貌似心靈相通的男人們，又怎可能娶她？

這個夢，看似繁花似錦，絢爛無比，只是為什麼需要這麼多淒涼來鋪陳？

人最可怕的境遇不是得不到，而是看得到卻得不到。魚玄機看得到，士子們把她當朋友，當愛人。但是那些口口聲聲說愛她寵她的男人，為什麼不肯娶她，為什麼不肯為她流連？哪怕曾經耳鬢廝磨，肌膚相親，最終也成為匆匆的過客。他們永遠如煙花燦爛，卻又如流星而過，永遠得不到。

此時此刻，魚玄機在清冷的道觀庭院彈琴吟唱起溫庭筠的那首〈更漏子〉：

玉爐香，紅燭淚，偏照畫堂秋思。眉翠薄，鬢雲殘，夜長衾枕寒。

梧桐樹，三更雨，不道離情正苦。一葉葉，一聲聲，空階滴到明。

她不知道，後世曾有個才女說，做一個女人要做得像一幅畫，不要做一件衣裳，被男人試完又試，卻沒人買，待殘了舊了，五七折拋售還有困難。

是的，那些甜言蜜語不過只是欺騙，那些海枯石爛之盟，生死契闊之誓，都只是一時的衝動，彼此暫時的麻醉。現在魚玄機自己本身就是一幅畫。她要把男人當作衣服，那麼多的衣服，她要一件件來挑他們、穿他們。及時行樂吧，沒有人值得她再為之柔情萬丈，沒有哪個男人的傷害會再讓她肝腸寸斷。

只是，那曾經的悲情太苦，那正如雨滴梧桐葉，滴滴不止，聲聲不休，一個夜晚就這樣過去了。

有道是：「自嘆多情是足愁，況當風月滿庭秋。洞房偏與更聲近，夜夜燈前欲白頭……」

〈和人次韻〉魚玄機

喧喧朱紫雜人寰，獨自清吟日色間。
何事玉郎搜藻思，忽將瓊韻扣柴關。
白花發詠慚稱謝，僻巷深居謬學顏。
不用多情慾相見，松蘿高處是前山。

第六章
命運囚徒：彼岸花下的劫難

縱情歡娛、揮灑才情的魚玄機也許沒有想到，命運正在向她亮出自己最後的底牌。

紅葉地，待知音

這一年的暮春時節，幾位錦衣華冠的貴族公子來到咸宜觀中，拜訪魚玄機。他們帶了詩稿，還帶來酒食、歌姬和樂師。那天的歌宴從中午一直到晚上。我們完全可以想像，咸宜道觀裡，常常是一幅燈影幢幢、胡笳聲聲、歌舞翩翩的景象。

夜幕方落，魚玄機的侍女綠翹端著烏銀梅花酒壺，穿梭於觥籌交錯間，為席客斟酒。她生得嬌豔俏麗，斟酒時不時淺淺一笑。座上幾名賓客目不轉睛盯著她看。這讓綠翹心下有些許得意。而這時魚玄機挽著水色披帛，小山眉，淡妝，雲鬟高盤，面帶紅暈，已有醉意。

今夜的魚玄機一雙醉眼，波光流淌，似乎有所牽掛。那位相貌清秀，神情靦腆的樂師邊奏樂、邊頻頻向魚玄機暗送秋波，他便是陳韙。其實，在陳韙踏進咸宜觀的那一刻，魚玄機不由一怔，迷離中似乎看到此人生得身材魁梧，相貌英俊，頗有男子氣概。魚玄機對他一見傾心。

魚玄機將一干貴族公子視為無物，獨對陳韙青眼有加，因他身上散發出似曾相識的氣味，令她回味沉湎。陳韙也抵擋不住窈窕道姑火辣辣的眼神，向其拋過無數仰慕的媚眼，這更加撩動了魚玄機的心，只感覺自己整個人都似燃燒起來。

宴席已盡，其他侍女在廳堂收拾，綠翹扶著玄機入房。簪釵搖顫，青絲散亂，她喃喃道：飛卿，飛卿……宛若夢囈。綠翹扶她上床，她眼角溼潤，淚如雨下，一把抱著綠翹失聲痛哭：翹兒，你知道什麼叫心死嗎？我十二三歲遇到溫先生，他收我為徒，教我詩詞，待我如女亦如友，可他知道我待他怎樣，這愛，他知道卻故作不知。他送我到子安面前時，我的心就死了。翹兒，你知道嗎？我根本不想要什麼才情，什麼美貌，若能平平穩穩做人一世妻子便也知足了。李端公、左名場、李近仁，一個個地來了，又一個個地去了。為什麼？為什麼男人口口聲聲許下的諾言那麼不可信？她喃喃自語，像在對綠翹說，又像在對自己述說。

「自能窺宋玉，何必恨王昌？」她永遠做不到像世外仙人那般超脫，她渴望愛與被愛。綠翹知道，她的內心不能停止愛，哪怕傷痕累累。

這一次，她愛上了那個樂師，陳韙。夜裡，魚玄機無法平靜，在床上輾轉一夜。

一天，魚玄機乘著小轎去拜訪一位朋友，透過轎簾的縫隙只見牡丹、芍藥、棠棣、木香各色花卉開得繁盛，賣花人提著籃子沿街叫賣。看著這些花，她忽然想起小時候在平康裡的情形。那時她還寫過一首〈賣殘牡丹〉呢！「紅英只稱生宮裡，翠葉那堪染路塵。」當年的自己多麼心高氣傲。

她輕輕嘆了口氣，見那花著實香豔可愛，忍不住掀開轎簾向外望去。突然見人群中一個揹著古琴的、熟悉的男子身影一晃而過，正是樂師陳韙。她便朝綠翹耳語幾句。

那伶牙俐齒的綠翹一路小跑叫住那陳樂師，告訴他，玄機姐姐很喜歡他彈奏的古琴曲，想邀他有時間再到觀裡去小坐。陳樂師聽綠翹這樣說，遠遠朝那轎中的玄機看了看，頓時兩眼生光，連連點頭答應。

午後回來，魚玄機茶飯無心，好不容易熬到入夜時分，終於在情思迷離中攤開彩箋，寫下幾句詩：

月色苔階淨，歌聲竹院深。
門前紅葉地，不掃待知音。

果然，陳韙第二天清晨來到了咸宜觀。那天宴會結束回去後，他對美豔含情的魚玄機也是暗自欽慕不已。沒想到，天賜良機，居然在大街上遇到了佳人。於是他按照約定，找準閒暇時間急來到觀裡。

綠翹告訴他，魚玄機早上出去了，在書桌上留了一張詩箋。說是陳樂師來了就讓他看看。陳韙忙走上前，見了桌上題詩，頓知伊人心思，愈加心神蕩漾。他輕輕將詩箋收入袖中。

從此，陳韙便成了咸宜觀中最受歡迎的客人，他和魚玄機詩歌唱和，說不盡的繾綣溫柔。只要有時間，就來幽會。魚玄機每到喝得微醺時，叫他坐到她對面來彈琴。陳韙真是位琴功不錯的樂師，彈得真是動聽。那琴聲總能叫她心旌搖曳，情思綿綿。

於是關門掩簾，只聽得雲房內時而傳裊裊笙歌，時而傳出陣陣低低的悄語，偶然又傳出親暱的笑聲。這一切讓綠翹在門外聽到了，渾身像被妖嬈的水草纏繞，頓感燥熱。屋內人卻渾然不知。樂師陳韙深諳風情。他撫摸著魚玄機嬌美的臉龐，輕聲念著詩：「月色苔階淨，歌聲竹院深。門前紅葉地，不掃待知音。」魚玄機聽了怔怔若發痴一般，愴然淚下，淚水滴在樂師的手掌心。魚玄機對樂師陳韙的愛是熾烈的，經歷了世事滄桑變幻的魚玄機很希望有一個讓她停泊的港灣。如今，她把這個希望寄託在樂師陳韙身上。當然，她也更希望這男子也是如此對待自己。她對陳韙傾注了滿腔的柔情，常常留陳韙在閨房中。

那個時代，冶豔放浪的魚玄機就像一隻彩蝶，翩翩飛舞在長安城那些讓她傾心的風雅男子、五陵年少們之間，採擷屬於她自己的歡樂和春情。同時，她大概也感受到一個女人所擁有的美貌與才情發揮到極致的那種成就感和滿足。

魚玄機的生動、鮮活、潑辣、才華，整個長安城的男人都俯在她的石榴裙下，聽候她的差遣。

然而，有人認為魚玄機自甘墮落，自暴自棄，那也弄錯了。自從魚玄機打出了「魚玄機詩文候教」的招牌後，來拜訪她的客人越來越多，讓她應接不暇。其中，有些無賴之徒也趁機前來，他們把這裡簡直當成都市外的煙花柳巷了，這讓魚玄機很是生氣。於是，一些不受歡迎的訪客，她就拒而不見了。甚至有些已經見到她的訪客，如果在席間出言不遜或舉止無禮的話，還會被她當場趕出咸宜觀。

魚玄機自認絕非人盡可夫的娼妓，那些認為她像那些青樓女子一樣可以招之即來揮之即去的人肯定是誤會了。

一位自詡風流的年輕文士寫了一首詩，讓綠翹送給魚玄機。在詩中，他極盡恭維之辭，將魚玄機比作詠雪的東晉才女謝道韞和深居陋巷卻品性高潔的顏回。最後表明他仰慕魚玄機的才貌，想親自登門拜訪，與她結識。

綠翹笑著說：「玄機姐姐，這位酸秀才想親近你呢。」魚玄機讀過那詩作後，輕輕一笑：「又一位故作風雅的文人罷了。綠翹，取紙筆來。」綠翹趕忙鋪紙研墨，魚玄機略一思忖，便寫下一首〈和人次韻〉：

喧喧朱紫雜人寰，獨自清吟日色間。
何事玉郎搜藻思，忽將瓊韻扣柴關。
白花發詠慚稱謝，僻巷深居謬學顏。
不用多情慾相見，松蘿高處是前山。

頭一句就頗有調侃味道：在滿大街穿朱衣紫的貴人中間，我這一介平民女子卻在陽光下獨自吟詩。不料你這位「玉郎」窮搜辭藻，雕飾文辭，攜詩前來上門拜訪。可是您在詩中弄錯了。說玄機是詠雪的謝道韞，那太讓我慚愧了；說我居住在這偏僻深巷中，是想學習孔門弟子顏回，就更荒謬了。其實如果真想見我，不必如此大費周章地謬讚恭維，我就住在那片松蘿叢林的前山高處。

「白花發詠慚稱謝，僻巷深居謬學顏」這兩句，分別把自己比作謝道韞和顏回。雖然可能是對方的恭維謬讚，但在次韻的和詩裡明白寫出來，也未嘗不是引以明志。仔細品味，謝道韞是東晉女詩人，聰慧有才辯。這裡，魚玄機其實也是藉以謝道韞自許，能對雪吟詩，自負有「詠絮之才」；顏回是孔門弟子，《論語．雍也》曰：「一簞食，一瓢飲，在陋巷，人不堪其憂，回也不改其樂。」魚玄機這裡也未嘗不是說自己安貧樂道，拒絕無聊打擾。

「不用多情慾相見，松蘿高處是前山。」外面長滿松蘿的高處就是前山，「松蘿」是指松樹和藤蘿，在道家語境裡多指有道的仙人居住之處。這裡，魚玄機以此抬高自己的身分，表明自己高潔的心性，含蓄地讓對方知難而退，打道回府。

明代鍾惺《名媛詩歸》評論這兩句詩表面看來「語意和緩，亦不甚矜張」，而「細味其詞氣，亦覺刻薄殆盡矣」。其實，詩中的「喧喧朱紫」、「玉郎」、「瓊韻」、「慚稱謝」、「謬學顏」等都有點調侃意味。魚玄機藉對方的恭維讚辭，以才思敏捷的謝道韞和居陋巷不改其志的顏回自喻，對輕薄無才、粗俗下流的求見者冷言直斥，拒之門外，請他們不要自作多情地來求見了。

全詩一掃柔曼纖麗，顯得尖銳幽默，還有幾分戲謔意味。可見魚玄機「謔浪」風采一點不亞於《紅樓夢》裡的林黛玉。於是，不少平庸粗俗而又色心熾烈的男人被擋在了咸宜觀外，也嘗到了某種想要征服異性的挫折感。

有道是：「應為價高人不問，卻緣香甚蝶難親。」這就是魚玄機，一個熱辣辣、冷冰冰、溫柔而又犀利、美豔而又多刺的魚玄機；一個豔名在外卻又絕非自輕自賤的魚玄機。

蕭牆禍，豔魂銷

一女僮曰綠翹，亦特明慧有色。忽一日，機為鄰院所邀，將行，誡翹曰：「無出。若有熟客，但云在某處。」機為女伴所留，迨暮方歸院，綠翹迎門曰：「適某客來，知鍊師不在，不捨轡而去矣。」客乃機素相暱者，意翹與之狎。及夜，張燈扃戶，乃命翹入臥內。訊之，翹曰：「自執巾盥數年，實自檢御，不令有似是之過，致忤尊意。且某客至，款扉，翹隔闔報云：『鍊師不在。』客無言，策馬而去，若云情愛，不蓄於胸襟有年矣，幸鍊師無疑。」機愈怒，裸而笞百數，但言無之。既委頓，請杯水酹地曰：「鍊師欲求三清長生之道，而未能忘解佩薦枕之歡。反以沉猜，厚誣貞正，翹今必死於毒手矣。無天則無所訴；若有，誰能抑我強魂？誓不蠢蠢於冥莫之中，縱爾淫佚！」言訖，絕於地。機恐，乃坎後庭瘞之，自謂人無知者。時咸通戊子春正月也。有問翹者，則曰：「春雨霽，逃矣。」

客有宴於機室者，因溲於後庭，當瘞上，見青蠅數十集於地，驅去復來。詳視之，如有血痕，且腥。客既出，竊語其僕。僕歸，復語其兄。其兄為府街卒，嘗求金於機，機不顧，卒深銜之。聞此，遽至觀門覘伺，見偶語者，乃訝不睹綠翹之出入。街卒復呼數卒，攜鍤共突入玄機院發之，而綠翹貌如生。卒遂錄玄機京兆府，吏詰之，辭伏，而朝士多為言者。府乃表列上，至秋，竟戮之。在獄中亦有詩曰：「易求無價寶，難得有心郎。明月照幽隙，清風開短襟。」此其美者也。

——皇甫枚《三水小牘》

唐女道魚玄機，字蕙蘭，甚有才思。……竟以殺侍婢為京兆尹溫璋殺之。有集行於世。

——孫光憲《北夢瑣言》卷九

這是關於魚玄機生命最後一段日子的歷史紀錄，大概也是史實。《三水小牘》的作者皇甫枚與魚玄機是同時代的人，他所居住的長安蘭陵坊，鄰近魚玄機所居的咸宜觀。因此，他關於魚玄機的記敘應是相當可信的。《北夢瑣言》的作者孫光憲是一位治學比較嚴謹的學者，他生活的時代晚於魚玄機幾十年。他所寫關於魚玄機的記述應基於比較可信的原始資料。筆者根據這些記載和相關史料，嘗試還原一下那個場景。

在咸宜觀裡「詩文候教」的日子不覺又是幾年過去了，魚玄機的貼身侍婢綠翹已經出落得眉目清秀，肌膚細膩，身姿豐腴。這個聰慧伶俐的女孩做事機靈，又十分乖巧，所以深得魚玄機的信任和重用。由於常常陪伴魚玄機在那些京城顯貴名流中周旋，也學得雙眼含媚、善弄風情。

這天，魚玄機又接到了邀請，讓她去參加一些文人們的飲宴雅集。玄機臨出門前告訴綠翹：「若有熟客來，就告訴他我去了哪。」

玄機出門去，道觀內難得的清淨。當綠翹回到雲房中時，突然有人從身後抱住她，是那樂師陳韙……

玄機此時正沉浸在清宴聚會的熱鬧之中。宴席間，魚玄機永遠是最受矚目的一個，總被眾星捧月般前呼後擁。認識的，不認識的，紅袖青衫交錯，一群人擲骰子，行酒令，聯名成詩，觥籌交錯，笑語喧聲。

酒宴詩唱，一直樂到暮色四合時，魚玄機才回到咸宜觀。咸宜觀裡，陳韙早已離去。綠翹衣衫不整，鬢髮散亂，默默整理著弄亂的枕蓆。

耳畔車馬聲近，魚玄機邁著鬆軟無力的醉步穿過長廊，堂前冷落並無一人。「翹兒，翹兒」，魚玄機微嗔，「這小丫頭跑哪裡去了。」

綠翹慌忙迎出來，臉色泛著潮紅，釵斜髻松，忙不迭地整理衫裙。

魚玄機懶懶問道：「陳樂師可來過了？」綠翹忙稟報：「陳樂師午後來訪，我告訴他你去的地方，他『嗯』了一聲，就走了。」

魚玄機疑竇頓生：陳韙平時來訪一定會問我在什麼地方，他為何沒去找我？即使找不到我，也總是耐心地等我回來，怎麼會急急走了？他可是個見了美女就拔不動腿的人。眼前綠翹出落得美豔如花，他肯輕易放過嗎？莫非，他們背著我做過什麼苟且之事？……

再看綠翹，只見她雙鬢微偏，面帶潮紅，雙眸流露著春意，舉止似乎也有些不自然，於是問道：「他為什麼不等我？」

「不，不知道，」綠翹眼神躲閃，「我真的不知道。」

魚玄機用手指狠狠戳了一下她的頭，冷冷一笑：「你等著！」

入夜，點燈閉院，魚玄機把綠翹喚到房中，強令她脫光衣服跪在地上，厲聲問道：「今日做了何等不軌之事，從實招來！」

綠翹嚇得縮在地上，顫抖著回答：「自從跟隨師父，綠翹一直謹小慎微，隨時檢點行跡，不敢有違命之事。今天陳樂師來後，我只是隔著門扉通報，說您不在，他就策馬走了。說到情愛，我早就無心於此，請您不要懷疑我。」

魚玄機逼近綠翹，綠翹脖頸上幾處殷紅刺入她眼中。那是指甲劃痕。

「這是什麼？」魚玄機眼色凌厲地逼視著小婢，「還要嘴硬？」綠翹面色通紅，矢口否認自己有解佩薦枕之歡。於是主人便揮動藤條發瘋地抽打。綠翹被逼至極，又羞又怒道：「本是你情我願的事，姑娘又何必處處好強，這咸宜觀還有哪裡是乾淨的地方不成？」她對魚玄機反唇相譏，歷數她的風流韻事，還破口大罵：「你這道貌岸然的淫婦，我變成厲鬼，也不放過你……」

霎時，魚玄機暴跳如雷。所有已經癒合結痂的傷口，在那一刻憤怒地崩裂開來。綠翹被打得奄奄一息，哀求說想喝點水。當她接過魚玄機遞來的水後，卻隨即澆在地上：「玄、玄機姐姐，你，你是這咸宜觀中的女冠，要追求三清長生之道，卻忘不了枕蓆風流之歡。如、如今竟如此猜忌厚誣於我。哪、哪怕我今天死於你手，上、上天也不會縱容你的。」

魚玄機聞聽，手不擇物，拿起身邊的東西，沒命地抽打，淚水恣意流淌，如一頭受創傷的獸般沙啞地叫著，下手狠辣。人性中的脆弱底線在那一瞬間棄守了，惡的因子爆裂般瘋狂釋放……

她眼前已不是綠翹，而是妖冶放浪的自己，她痛恨那個自己，可卻再也回不去當初那個潔白純淨的魚幼微，彷彿只有這樣狠狠地發洩，才能減輕心中積鬱太久的痛苦。

不知道過了多久，她身子癱軟了，坐在了地上……「啊！」她驚叫出聲，這時她才驚覺綠翹已經斷氣身亡。

一看出了人命，她頓時慌了手腳，趁著夜深人靜，在房後院中的紫藤花下挖了個坑，把綠翹的屍體埋了進去。

玄機起初拷打綠翹時，也許並無置她於死地之念。但蓄積已久的怨恨、戾氣與陡然噴發的怒火妒火，交織衝撞，竟使得一時情緒失控，覆水難收。

過了幾天，陳韙來訪，問起：「為何不見綠翹？」魚玄機看他一眼，冷冷答道：「這個臭丫頭，天一放晴，逃走了。」

心裡有鬼的陳韙不敢多問，這事也就不了了之。

已是初夏時節，道觀裡的幾株薔薇紅豔似火。觀外有報，說有幾位新客來訪。來客頗為識趣，知道魚玄機喜歡美酒、美食，還讓僕人駕了馬車，帶了三罈美酒。於是，這天他們幾個跟魚玄機一面談詩論文，一面飲酒。臨近黃昏時，人們已是酒酣耳熱。一位客人突覺得下腹略脹，就到咸宜觀後院紫藤花樹下小解。剛到那就驚起了一大群綠頭蒼蠅。這些蒼蠅聚集在花下浮土上，驅趕開後又聚過來。他覺得奇怪，蹲下嗅一嗅，還有一陣血腥之氣撲鼻而來。原來蒼蠅就是衝著這個味來的。

奇怪，道觀裡怎麼會有血腥之氣呢？他心裡犯起了嘀咕。在坐馬車回去的途中，客人就把這事當作閒話講給趕馬車的僕人聽。

這僕人的哥哥恰好在官府裡做巡街捕頭。第二天，他在哥哥家喝酒吃飯時，也就作為話題將昨日奇聞講了出來。捕頭一聽，覺得這事有些蹊蹺。他剛好與那咸宜觀裡的魚玄機有點過節，曾經想以有傷風化為名，找魚玄機敲詐點錢還賭債。誰知她居然不給面子，一口回絕了。

這巡街捕頭想了想，囑咐兄弟不要聲張，暗地裡卻去道觀周圍打聽，看有沒有什麼線索。果然，道觀中的侍婢綠翹失蹤好久了，生不見人，死不見屍。據說是與魚玄機一個情人有染，被發現後逃跑了。從兄弟聽說的這件蹊蹺事來看，這事還真不簡單。綠翹會不會被人謀殺了呢？

於是他在道觀裡高朋滿座的一個下午，派了一個很有經驗的仵作（相當於現在的辦案法醫），化妝成客人的僕人，進行了實地勘察。派去的仵作回來報告說：泥土翻新，隱見血跡，一股子血腥氣很是嗆鼻，青蠅成群揮之不去，當有人畜埋於該處。

捕頭一聽，就帶了七八個衙役，以追查朝廷要犯為由闖進咸宜觀，直趨後院紫藤花下。七手八腳一陣深挖猛刨，將帶有血跡的泥土挖了個徹底：一具年輕女孩的屍體赫然出現在眾人面前，面容膚色竟一如生時。捕頭把道觀的其他小道姑、婢女叫過來辨認，眾人一致認定她就是綠翹。

於是，捕頭就帶著衙役直撲道觀大殿，將魚玄機捉拿到了官府。

魚玄機站在囚車中，目光掃過街邊兩旁的人群。那些人們正在對她指指點點。她發現，這些人的目光是一種讓她無比熟悉的目光，那種目光她也曾經擁有，在這目光的後面是一團熊熊燃燒的火……

魚玄機被帶到公堂，抬頭看座上，當堂正襟危坐審問她的竟是昔日追求她而遭拒絕的裴澄。真是人生何處不相逢啊。

裴澄稱綠翹屍體已驗過了，身上有鞭痕。而且，觀中也有人指證魚玄機鞭打過綠翹。不料魚玄機直白地回答，綠翹就是自己打死的。裴澄沒料到她這樣爽快，有點詫異。裴澄畢竟也是個詩人，看到這樣一個美麗的女人即將被自己送上斷頭臺，心裡竟然生出一絲惋惜。畢竟京城不少人暗中予以關照，有心要保她一命。

哪知魚玄機這樣爽快地招認了。裴澄一怔：這又是何苦來哉？

玄機看看他，笑道：「我走的是很多女人不曾走過、也不敢走的路，累了，現在也該結束了。」是的，她就像風箏一樣飛得太高太高，俯視間看到了人世間的虛無和荒誕。她所有的愛和付出都被這虛無吞噬了。她太累了，不想再飛。

但事涉人命，裴澄只得讓魚玄機在供狀上簽字畫押。隨後將魚玄機押入死牢，並將案卷移交給京兆尹溫璋審決。

審理魚玄機殺人案的是溫璋。他被人稱作「勇於殺戮，京邑憚之」的酷吏。作為首善之區長安城的官員，京兆尹溫璋這幾天頗是忙碌。由於案情重大，說情者紛至沓來。十多位官員、士紳紛紛前來為魚玄機說情，可見這魚玄機在長安城裡文藝圈裡也算是名人了。她交遊極廣，人脈眾多。

溫璋卻不以為然：京城是天子腳下，各種社會關係盤根錯節，管理起來阻力重重，致使京城治安混亂複雜。溫璋曾經說：「罪無輕重，惡無大小。除惡務盡，犯意方絕，此謂之能治者。」他一上任，就把大牢內關押的人犯無論罪輕罪重全部處以死刑。一時間，京城治安秩序井然。

自然，他對犯下這樣影響重大的命案的魚玄機不會輕易放過。本來，依照唐朝法律，魚玄機罪不至於殺頭。《唐律疏議．鬥訟》規定：「諸奴婢有罪，其主不請官司而殺者，杖一百。無罪而殺者，徒一年。」如果不願服刑，還可以破財免災。另一項規定說：「徒刑五。一年，贖銅二十斤。一年半，贖銅三十斤。二年，贖銅四十斤。二年半，贖銅五十斤。三年，贖銅六十斤。」因此，魚玄機枉殺綠翹，至多獲刑一年。如果出錢，上繳銅錢二十斤就行了。

遇到溫璋這樣的酷吏，魚玄機自然凶多吉少。經審訊，魚玄機因殺人罪被判處斬刑。溫璋硃筆批下「秋後問斬」，很快就將案件卷宗上報到大理寺。由於朝廷中有許多人替魚玄機求情，大理寺只好把此案上奏皇帝。

當時正是唐懿宗李漼在位。這位晚唐時代的皇帝一味沉湎遊樂歌舞，整個官場也都瀰漫著窮奢極欲、醉生夢死的風氣。以草菅人命、濫殺無辜著稱的唐懿宗看了魚玄機的卷宗後，硃筆欽批：將魚玄機秋後問斬棄市。

秋夜漸深，寒意侵骨。深牢窗外懸著一彎殘月。牢中，穿著囚衣的魚玄機不時打著寒顫。她起身來到窗前，仰望幽深的夜空。

一盞油燈光影搖曳，窗外彎月如鐮。昔日名動長安的才女，今日淪為階下囚。魚玄機細細回首這一生：先父早亡，淪落平康裡，本來期望做個平凡的小女人，可是為什麼一切都不如願。溫庭筠可望不可即，李億可即不可靠，那左名場莫名其妙地玩消失，連那個彈琴吹簫的小男人陳韙也背叛自己，茫茫人世，試問還有誰能靠得住？

提起羊毫筆，她的手卻微微顫抖：「明月照幽隙，清風開短襟……」

明月清風裡，她看到了自己的孤魂。人們說女人就像一根藤，男人是樹。可她這根藤兜兜轉轉、彎彎繞繞，總也纏不牢一棵樹。多年累積的挫折、傷痛，讓這個心高氣傲、才思蔥蘢的女子嘗盡煎熬。命運劃出了一個荒謬的輪迴。

那一瞬間，抵死的絕望充溢於胸，她深感疲倦，心如死灰。

咸通九年（西元八六八年），長安西市。明媚的春光裡，魚玄機面對著袒胸露懷的刀斧手，臉色蒼白，一言不發。看著長安城蜂擁而至的看客們，她忽而微揚嘴角，似笑非笑，表情從容中透出一絲嘲諷。這種臨死前還平靜得可怕的神態，讓長安城裡的那些看客們印象深刻，很多年後還記憶猶新。

她的目光有些迷茫地穿過那位刀斧手的頭，穿過監斬官輕顫的烏紗帽。她看到了圍觀人群中那一張張冷漠而蒼白的臉，那中間竟有曾經和她交往過的王孫公子們。那些和她有過肌膚之親、詩文之誼的男人們此時形同陌路，那些目光冷得像冰。

她的目光又穿過縱橫交蔽的樹林枝柯，看到了藍的天、白的雲，看到了時光行走的曼妙步伐，看到了很多年前的那個遙遠而溫暖的暮春午後，看到了那張很醜卻異常溫柔的男人的臉，還有那一年十二歲的她寫下的〈賦得江邊柳〉。

想到那個無比溫馨的時刻，想到比父親更疼愛憐惜自己的飛卿，二十五歲的魚玄機心裡一疼，竟不由閉上了眼睛，淚水止不住地流了下來：飛卿啊，飛卿，是你成全了我，也是你毀了我！

千萬恨，恨極在天涯。縱然她百媚千嬌，縱然她傾國傾城，縱然她才情卓異，也逃脫不了這「蕭蕭風雨夜，驚夢復添愁」的結局。

直到那美麗的頭顱即將離開身軀，她反倒比一生中任何時候都把這世界看得更加清晰。

她感到自己正追逐那縹渺的仙樂，在天空中迴盪、盤旋。此時，她不是魚玄機，她是魚幼微，巧笑嫣然，蹦著，跳著，隨著仙樂和著春光升上天空，那裡，有她的父親、母親。

也許，她還在尋找，尋找此生最深的眷戀：飛卿，若有來生，一定嫁你為妻。魚玄機心頭一痛，眉間輕蹙，輕揮長袖，掩面而去。

在命運這灣深海中，她若一尾遠離水源的魚。眼睜睜看著自己乾渴，死去，卻無力拯救。最後變成一條看破紅塵淚流滿面的魚。

即便心比天高，可是滄海難渡，逃不脫命有玄機。

「幽微靈秀地，無可奈何天。」魚玄機已經死去了，成為一個淒美的傳說。

她要喝孟婆湯，要過忘川河，要徹底地拋棄曾經的一切，重新來過。她看見河岸上飄過了彼岸花，那種閃著神光的曼珠沙華。相傳彼岸花只開於黃泉，一般認為是只開在冥界三途河邊、忘川彼岸的接引之花。彼岸花如血一樣絢爛鮮紅，鋪滿通向地獄的路，且有花無葉，是冥界唯一的花。

傳說這彼岸花香有魔力，能喚起死者生前的記憶。在黃泉路上開著大批的這種花，遠遠看上去就像是血所鋪成的地毯，又因其紅得似火，黃泉之路被喻為「火照之路」，彼岸花也是這長長黃泉路上唯一的風景與色彩。當靈魂渡過忘川，便忘卻生前的種種，曾經的一切都留在了彼岸，往生者就踏著這花的指引通向幽冥之獄。

紅色的彼岸花寓意著「無盡的愛情、死亡的前兆、地獄的召喚」。

魚玄機輕輕捧著彼岸花，默默許下心願：下一世，我一定要找一個我愛他、他也愛著我的人，一起度過。

魚玄機的人生際遇可謂風雲突起，變幻莫測，短暫生命中充滿的幾乎全是灰寒之色：貧寒女、外宅婦、棄婦、女道士、妒婦、殺人犯，她的生活苦難而艱辛。

如今對於人世間來說，魚玄機曾經像一場華麗絢爛的煙花，在長安城留下過耀眼的光華。而現在，天空一片澄澈和寧靜，好像什麼也不曾發生過。

咸宜觀中，草木蕭瑟。一個華髮叢生的半老男人踟躕而行。他看到了魚玄機親手栽下的那三棵柳樹。在錯落的時光中，柳條綠了又青，青了又黃，隨風款擺。

這一刻，他彷彿又看到了那個眉目清秀、眼波流轉的小姑娘，一雙小手羞澀地呈上自己的小詩：

翠色連荒岸，煙姿入遠樓。
影鋪秋水面，花落釣人頭。
根老藏魚窟，枝低系客舟。
蕭蕭風雨夜，驚夢復添愁。

真是命有玄機，造化弄人。

他眼前頓時一片朦朧、模糊。啊，你看，那陽光下的楊柳，正脈脈含情，隨風飄蕩，要為他婆娑起舞……

後來，在他的詩集中，人們又找到了一首〈晚坐寄友人〉：

九枝燈在瑣窗空，希逸無聊恨不同。
曉夢未離金夾膝，早寒先到石屏風。
遺簪可惜三秋白，蠟燭猶殘一寸紅。
應鰕捲簾看皓齒，鏡中惆悵見梧桐。

這首詩詩意曖昧含蓄，遣詞精緻，畫面寂寞中又透著幾分溫馨。那麼，詩題中的這個「友人」到底是誰呢？這首詩是不是寫給魚幼微的呢？

詩中寫自己在曉夢早寒時分的相思心境。從詩中的「遺簪可惜三秋白，蠟燭猶殘一寸紅」可知，讓他徹夜未眠所思念的遠方友人是位不在人世的女子。他手執當年魚玄機贈給他的髮簪，內心悽楚惆悵。「三秋白」、「一寸紅」是何等令人驚心動魄的色彩對比，這是何等深摯的思念！

而「應捲簾看皓齒，鏡中惆悵見梧桐」兩句，則表達了一種難言的複雜情感。「皓齒」當是指紅唇皓齒、青春芳華的紅顏知己。他捲簾時恍惚間看到了當年她那紅唇皓齒的美麗容顏，一轉眼又在銅鏡中看見了那一樹寂寞的梧桐。

在詩詞中，梧桐意象多為表達秋色和相思之意。而「梧桐半死」為失偶之意。有道是：「梧桐半死清霜後，頭白鴛鴦失伴飛。」在古代文學中，梧桐常常是鳳凰所棲之木，多被寓意美麗紅顏的命運歸宿。

溫庭筠這首詩中的「梧桐」，恰好與當年幼微那首〈冬夜寄飛卿〉一詩中的「梧桐」彼此呼應——「幽棲莫定梧桐處，暮雀啾啾空繞林」。當年的魚幼微以一種聰明而優雅的方式叩問他內心的情愫：你願意做我生死相棲相伴的梧桐樹嗎？

如今佳人已去。我們不妨解讀為，溫庭筠以一種隱晦的詩意回應了早年幼微的情感叩問：人間天上，獨我憐卿！

從此，這位花間詞人筆下的那些美女，總是那麼寂寞，那麼悲情。

紅顏逝，嘆命薄

北宋錢易在《南部新書》中說：「女道士魚玄機住咸宜觀，攻篇什。殺婢綠翹，甚切害，事敗棄市。」《全唐詩話》記載：「（魚玄機）以笞殺女童綠翹事下獄。」皇甫枚在《三水小牘》一書中，以〈魚玄機笞斃綠翹致戮〉為題，以小說筆法詳細交代了這場命案的全過程。

按《三水小牘》說法，魚玄機死於咸通戊子秋，即西元八六八年秋。筆者認為皇甫枚作為與魚玄機同時代的人，這個記載應該不會有誤。而且《北夢瑣言》亦載「竟以殺侍婢為京兆尹溫璋殺之」。兩《唐書》均可查到溫璋咸通九年（西元八六八年）確實任作京兆尹，因此可以確定玄機死於咸通九年。

魚玄機由一位詩名遠播的詩童，一位青春活潑的「里家女」，變成一位狀元郎的外宅婦，再變成咸宜觀裡的女冠詩人，再因美貌多才成為文人圈裡的社交紅人，最後竟成為笞殺女婢的階下囚，走上了斷頭臺。其間，她的心理歷程無疑充滿了種種不足為外人道的痛苦掙扎和無奈。

是的，失去李億的沉重打擊使她內心累積了太多的焦慮、恐懼、不安和無助。當她再次面對情感的出軌和背叛時，已經無法再平靜地面對。正如〈掙扎，以死亡為腳註——魚玄機的矛盾世界〉一文中所說：「受傷的野獸在極度憤怒中，會爆發出更強烈的攻擊性。此時的魚玄機在對綠翹的猜疑中，她被李億無情拋棄的傷口再度被撕裂和喚起。她敏感而脆弱的神經再次陷於對被冷落和拋棄的猜疑和恐懼，於是走向了崩潰。」

女性的敏感、詩人的多情，使她頭腦中種種痛苦的經驗瞬間再現，她絕不願讓那些情境那些痛苦再次在現實中重現。積鬱已久的怨氣、戾氣和妒火，使她在那一特定的瞬間失去了理智，變得歇斯底里，變得如瘋如魔。

她本能的下意識的瘋狂舉動，其實正在是內心自卑和痛苦的大爆發，是對宿命的逃避和轉移。是的，她不敢也無力反抗男權社會的強勢，卻把男性社會所強加的痛苦加倍轉移到了比自己更低賤卑微的同類身上。這其實是一種懦弱的發洩和自我輕賤之舉。白居易說過：「人生莫作婦人身，百年苦樂由他人。」對於那個時代命如螻蟻的紅顏女子來說，命運的鏈條竟是這樣清晰、無情、堅硬和尖銳。

正如一位學者所說，魚玄機內心強烈的向上伸展性、對命運的不甘與掙扎，其實和她在現實中的墜落軌跡幾乎是相伴相生的。她越是掙扎，封建禮教之網就束縛得越緊，甚至越不容她這樣的人存在。最後，以一個極端的事件來為人生劃上休止符。舊時代的律令如鐵一樣不可撼動。一個再有才華、再美豔的女子在這樣的時代又能走多遠呢？

是啊，有道是「殺人如草不聞聲」。古今多少紅顏女子就是被這個律令無聲無息地吞沒了青春和生命。清代黃星周在《唐詩快》中，對魚玄機的命運發出這樣感慨：「世間至難得者佳人也，若佳人而才，豈非難中之難？乃往往怫慘流離，多愁少歡，甚至橫被刑戮，不得其死。」，「夫造物之待才人，固極刻毒矣，何其待才媛亦復爾爾耶？」

這是極為痛切的中肯之言。

魚玄機所犯殺人罪當然要追究刑事責任，但是不能以現代人的想法來想當然。封建時代的唐朝，是一個等級森嚴的社會。法律面前並非人人平等。「良」與「賤」存在著不可越的鴻溝。作為奴婢，並沒有獲得正常人的社會地位。他們甚至和家資財產一樣，都屬於主人。

如前文所說，依照唐朝法律，殺害奴婢也並不是死罪。地方官為何揪住不放，非要處決魚玄機呢？也許這與那個時代的情勢有關，也與當政者有關。

唐高宗登基初年，大理寺正卿報告：「全國在押囚犯只有五十多人。需判死刑的，僅僅兩個。」寬平公正的司法制度，一直持續了一百多年。等唐宣宗接班，風向就變了。《新唐書》裡說他：「自喜刑名，常曰：『犯我法，雖子弟不宥也。』然少仁恩，唐德自是衰矣。」皇帝直接插手司法，隨之嚴刑酷治滿天飛。魚玄機笞殺女婢事件發生時，已是唐懿宗在位，他也是個草菅人命的暴君。《舊唐書．懿宗本紀》講到一件事：他的女兒因病醫治無效死去後，他竟立刻斬殺御醫。因此被牽連的無辜家屬達三百多人。連無辜者都能受到株連，更何況魚玄機身負命案，終是難逃一死。

特別是審理魚玄機殺人案的，偏又是位著名的「酷吏」溫璋。溫璋早年以父蔭入仕，咸通年間被任命為徐泗節度使。民風剽悍的徐州一直是難以管制的地區。徐州大將王智興趁平定節度使叛亂之機，招募兩千人組成銀刀軍。溫璋前任叫田牟，這田牟為拉攏銀刀軍，經常和他們一起喝酒，賞賜的錢財數以萬計。但銀刀軍仍不滿足，稍有不順就群起喧譁。溫璋到來以前，銀刀軍就打聽到溫璋治軍嚴謹，心懷猜忌。溫璋把重兵埋伏在城外，為消除銀刀軍疑慮，接連請他們吃喝數天，等他們完全放鬆警惕後，突然出擊，把帶頭作亂的五百人當場殺死。可見溫璋治軍手段酷烈狠毒。不過，那些沒有被根除的銀刀軍恨他至極，再次密謀，突然聚集在一起把溫璋趕出了徐州。

咸通八年（西元八六七年），溫璋任京城長安最高行政長官京兆府府尹。他剛正不阿，疾惡如仇。《北夢瑣言》記載：「溫璋為京兆尹，勇於殺戮，京邑憚之。」《三水小牘》中有一篇〈逸文〉曰：「溫璋，唐咸通壬辰尹正天府。性黷貨敢殺，人亦畏其嚴殘，不犯，由是治有能名。」這個溫璋「嚴殘」到什麼程度？〈逸文〉中說：「京兆尹之出，靜通衢，閉裡門；有笑其前道者，立杖殺之。」他在街上走，遇見的老百姓都不敢笑，因為一笑就會被杖殺。魚玄機落在這樣一個酷吏手中，其命運也就可想而知。

關於魚玄機的罪案，現代學者也有新的觀點和看法。現代小說中，一方面充分肯定了魚玄機的詩品和人品，另一方面對笞斃綠翹致戮之案提出了質疑：「我對玄機之殺綠翹，深有懷疑。……在唐代如果確已有衙役索詐的事，那麼也難保有屈打成招的事。她殺了人又無他人作證，她如何會貿然承認？或許因為衙役索詐不遂，遂殺童埋於她院中，以圖陷害。事發，官吏又串通一氣，以致屈打成招。這位京兆尹溫璋又是以『為政嚴明，力鋤宿弊』出名的，對於玄機的平日行為，早已有所不滿，一旦犯罪有據，自然不去多尋底細，以除去為快！……既已定罪，誰肯為她多爭辯，所以任她這樣冤抑地死了。」

有教授也質疑《三水小牘》的真實性。他認為，《三水小牘》關於魚玄機「妒殺」綠翹的故事有編造痕跡。一是受害人綠翹已死，她死前和魚玄機說的話來源不可靠，文中卻是長篇大論，滔滔不絕；二是綠翹作為魚玄機的女僮，年齡頂多不過十幾歲，而說話義正詞嚴，全然不像天真爛漫的稚齡女孩子口氣。這些話不見得是皇甫枚所編造，很可能就出自京兆府刀筆吏對魚玄機罪案的陳述；而綠翹斥魚玄機「淫佚」，簡直就是京兆府尹對魚玄機嚴正的判詞。所以綠翹事件必定有複雜的背景，裡面隱藏著隱密的委屈和細節，所謂魚玄機「妒殺」案可能是亙古之謎，甚至很有可能是千古奇冤。

不過，質疑歸質疑，更多學者認為魚玄機妒殺女婢的事實應該是存在的。從社會歷史文化的角度來看，魚玄機既是一個心理乖戾的加害者，也是一個男權社會和封建禮教的受害人，一個被侮辱被損害的知識女性。

魚玄機的一生可以說是短暫、坎坷、充滿了辛酸寂寞的，但同時她的一生又是追求自由的、執著的。她年少時詩名遠播，引起人們關注和讚許。及笄之年嫁給李億為外室，婚後還算過了幾年安逸快樂的日子，最終卻因出身低微而被拋棄。萬般痛苦中入道觀，縱情歡娛難掩人後的落寞和孤寂。情路坎坷使她性格發生了某種變異。醋意爆發之下誤殺婢女，由一個風姿綽約、才華橫溢的多情女成為殺人犯，最後一縷香魂就此斷絕。

其實，當她還叫做魚幼微的時候，只不過是長安城平康裡的普通女孩子，最初的人生夢想也許只是一心乾乾淨淨地嫁出去，平平安安地活下去，過舉案齊眉、相夫教子的小日子。然而命運並沒有讓她走一條凡俗女子都要走的路。是啊，如果僅是美麗也罷，如果只是聰明也好，但她樣樣都占盡。少女的芳華像極了蓮花臺上翩躚的舞姿，靈動、超凡而又縹渺。這樣一個有顏且有才的女孩子最初風光占盡，跋涉到人生的最後卻是四大皆空！

《南部新書》描述她最後結局是寥寥四字：「事敗棄市。」，「棄市」即「暴屍街頭」。這陰森森、血淋淋的四個字彷彿讓人看到行刑臺上的魚玄機面色慘白、鬢髮散亂。秋涼如水，碧空如洗。行刑臺四周，擠滿了觀刑的人群。午時三刻行刑。劊子手一刀下去，那溫熱柔軟的青春玉體便應聲倒在汩汩的血泊之中，逐漸變得冰冷僵硬，一動不動。

自古紅顏多薄命。一代才女詩媛就此香消玉殞，魂斷長安。

女性詩，千秋論

魚玄機死時年僅二十五歲。她的詩作收錄《全唐詩》的有五十首，這也是目前流傳下來的她的所有詩的數量。對魚玄機其人其詩的評價很多，歸納起來大致可分為兩類。

一類從封建衛道的思想角度出發，認為魚玄機才高貌美卻人品惡虐，是「娼婦」、是「笞殺女童的凶手」。如陳振孫《直齋書錄解題》：「婦女從釋入道，有司不禁，亂禮法，敗風俗之尤者。」胡震亨《唐音癸籤》：「魚最淫蕩，詞體亦靡弱。」黃周星在《唐詩快》中說：「魚老師可謂教猱升木，誘人犯法矣，罪過，罪過！」這些看法實際上是以人廢詩，是對魚玄機詩作的片面評價和故意貶低。

另一類是比較正面的評價。如皇甫枚《三水小牘》：「(玄機)色既傾國，思乃入神，喜讀書屬文，尤致意於一吟一詠。」孫光憲《北夢瑣言》：「(玄機)甚有才思。」辛文房《唐才子傳》中稱道：「嘗登崇真觀南樓，睹新進士題名，賦詩曰：『雲峰滿目放春晴，歷歷銀鉤指下生。自恨羅衣掩詩句，舉頭空羨榜中名。』觀其志意激切，使為一男子，必有用之才，作者頗賞憐之。」哪怕是上面說魚玄機「誘人犯法」的黃周星，其實對魚玄機的才華也十分欣賞。這些評論都肯定了魚玄機的文學才華和詩作的文學價值。

而明代徐獻忠《唐詩品》評價更高：「玄機形氣幽柔，心悰流散，其於子安，情寄已甚。而〈感懷〉、〈期友〉，及〈迎李近仁員外〉諸作，持思翩翩，尚有餘恨，雖桑間濮上，何復自殊？其詩婉茜悲悽，有風人之調。女郎間求之，則蘭英綺密，左芬充腴，生與同時，亦非廊廡間客也。」他認為魚玄機氣質幽靜溫柔，而情思流動奔放，她的很多愛情詩篇頗有《詩經》「國風」中的情調和韻味。

在魚玄機的詩作中，七律有十七首，七絕十四首，五律十一首，七言排律三首，五言排律三首，六言詩二首，另有五言詩句四聯，七言詩句一聯。她擅長寫作難度較大的格律詩，七言多於五言，且都為近體詩。特別是她的七言排律詩，得到後世詩評家們的稱讚和推重。如明代詩評家胡應麟在《詩藪》中對魚玄機的七言排律評價極高：「餘考宋七言排律，遂亡一佳，唐唯女子魚玄機酬唱二篇可選，諸亦不及。」在唐宋七言排律詩中，魚玄機的兩首七言排律名列前茅。她的這些詩可謂是推敲煉字，精雕細琢，字字珠璣，富有詩韻。可見，就純粹的詩藝技巧而言，魚玄機絕對是行家，而非偶爾玩票者。

這五十首詩大多數都寫於咸通二年到咸通九年（西元八六一至八六八年），也就是詩人在十八歲到二十五歲這短暫的生命歷程中所作，她可謂是綺年玉貌，才情卓異，在最美的年華寫最好的詩。相當一部分詩作描寫的是她自己追逐愛情時的浪漫情懷和愛情幻滅後的悲情，也有一些與友人的來往唱和詩篇，還有成為女冠後的清修生活和對人生、世事的感悟。

在短暫而悲涼的一生中，魚玄機始終如飛蛾投火一般執著地追逐真摯的愛情，嚮往幸福美好的人生。她那些大膽熱烈的愛情詩在中國文學史上有著獨特的魅力和地位。

唐代還有兩位女人因為才情而名垂史冊，一個是李冶，另一個是薛濤，她們和魚玄機的命運非常相似。才氣和天賦並沒有帶給她們人生幸福，反而帶給她們心靈的煎熬和人生的坎坷磨難。李冶，字季蘭，天生聰慧，美貌異常，五歲即能作詩。據聞其五歲時，曾在庭院裡作詩詠薔薇：「經時未架卻，心緒亂縱橫。」早年入道觀成為女冠，因美貌和詩名成為女冠中的風雲人物，暮年被召入宮中。李冶不凡的才氣引得一些公侯相將爭相叩門，以和她箋詩相贈為榮。興元年間，將領朱泚因叛亂被滿門抄斬，株連九族。而李冶因曾經上詩給朱濆，引來殺身之禍，被德宗治罪處死。

薛濤，字洪度，祖籍長安，出生於成都。薛濤八歲時父親指著梧桐詠曰：「庭除一梧桐，聳幹入雲中。」薛濤則應聲和道：「枝迎南北鳥，葉送往來風。」等到及笄之年，她已辯慧知詩，兼擅書法，才貌超群。但因與母親生活無靠，只得加入樂籍，成為官妓。

後來為劍南西川節度使韋皋賞識，兩人頗有私交，韋皋甚至準備奏請朝廷任命薛濤為「校書郎」。晚年移居成都，遁入空門，做了一名女冠。孤鸞一世終身未嫁，於大和六年(西元八三二年)去世，葬在錦江之濱。

她們都少年聰慧，美貌似花，且命運多舛，都曾以道觀為身心寄託之處，且有許多風流韻事。一方面廣交天下文人才俊，另一方面敏感脆弱，時時身處飄零無依的境地，可謂一半是海水，一半是火焰。所以，李治撫琴低唱〈相思怨〉：「人道海水深，不抵相思半。海水尚有涯，相思渺無畔。」薛濤紅箋飛書〈詠柳絮〉：「二月楊花輕復微，春風搖盪惹人衣。他家本是無情物，一任南飛又北飛。」李治和薛濤都無法掌控命運的殘局，她們能看透卻無力承擔，她們能超脫卻無法遠離。當然，魚玄機也不例外。

魚玄機生於那個女子為男子附庸或玩物的時代。她所要的，不是那個時代能給她的，不是她所遇到的人能給她的。魚玄機僅活了二十五歲，愛情成了她生命的主題。由於上天的捉弄、社會的黑暗、人心的險惡，她的愛情成了一紙空文。詩與愛是某種人生的行為藝術。古今中外，沒有人比魚玄機把這種藝術做得更徹底，更絕望，更灑脫。從某種意義上講，魚玄機和她的詩已為女性意識的覺醒代言。

在一千多年後，人們其實對魚玄機仍然有著深刻的誤讀和激烈爭議。可見，在唐朝的女詩人中，魚玄機是多麼引人注目！拭去歷史歲月的塵埃，他們從魚玄機的詩中讀出了某些人性的甦醒。在大唐時代的這位才女詩人身上有著某種先知般的光亮。

一本書中寫道：「『自能窺宋玉，何必恨王昌』這是何等大膽而又爽快的主張啊！『易求無價寶，難得有心郎』，從她口中說出來，要愧殺一切意志游移、愛情不專的薄倖男性了。」也有學者在〈女冠詩人魚玄機〉中大膽地指出，魚玄機是中國封建社會唯一的「一個勇敢地和環境奮鬥，潰決藩籬，仰頭天外，不怕一切地譏誚怒罵，去享受現實的應該有的幸福生活」的女性。〈女詩人魚玄機〉一文的最後寫道：「像這樣才華橫溢的詩人，被無情的舊社會、舊禮法奪去了生命，每當思及此，我們都不禁為魚玄機一抹同情之淚。」

魚玄機的詩不但是「風月賞玩之佳句，往往播於士林」，而且她那些女性特有的、符合女性價值標準和審美取向的思考和話語，同樣能在男性話語中有一席之地。美國漢學家宇文所安（Stephen Owen）在其所著《晚唐》中說：「現代以前，女性的聲音通常沒有太大的性別色彩，或者習慣於按照男權社會中賦予他們的傳統角色發出聲音，我們極少發現勇於挑戰性別歧視的女性的聲音。……而魚玄機，是唐代女詩人中別具特色的一個。」

萬花筒，照大千

在一些藝術作品中，魚玄機也是人們關注的議題。她的故事出現在小說、戲劇、電影等多種藝術形式中。

在明代，葉憲祖將她的故事寫入戲劇《鸞記》中。該劇透過趙文姝與杜羔、魚玄機與溫庭筠兩條感情線，講述了一個才子佳人的故事。唐末秀才杜羔、溫庭筠、賈島為同年好友。杜羔以碧玉鸞一對，與當時的才女趙文姝訂下婚約。正值權相令狐綯為故友李億補闕納妾，差人強聘趙文姝。文姝的義妹魚蕙蘭以身相替，解其危難。臨行前文姝將其中一支鸞贈予魚蕙蘭。蕙蘭至李府，李億急病暴亡，蕙蘭遂出家為咸宜觀女道士，號玄機。丞相令狐綯欲請溫庭筠替其兒子科場代筆，遭到拒絕。杜、溫、賈三人相約赴京應試，路遇讒佞小人胡談，溫庭筠出詩譏笑其諂媚權貴。令狐綯惱羞成怒，不許三人及第。賈島憤而剃度為僧，杜羔受趙文姝詩激而遊學他鄉，溫庭筠則羈留京師耽樂交遊。此時魚玄機詩才橫溢，名滿京都，士人紛紛與其唱和。溫庭筠贈詩與玄機，得到酬答一首和鸞一支，二人情投意合。後賈島經韓愈鼓勵棄禪赴試，並與溫、杜會合，三人同時舉進士。《鸞記》對捨身救友、頗有俠女風範的魚玄機深加讚許。更重要的是，作者最後居然讓魚玄機和溫庭筠在一起了，而她的前夫李億則在劇中暴病身亡。這不能不說是後世文人對魚玄機的同情和推許，對李億涼薄無情的痛恨。

荷蘭漢學家高羅佩（Robert Hans van Gulik）在《大唐狄公案》系列小說《黑狐狸》中的女詩人玉蘭，就是以魚玄機為原型的。玉蘭在翠玉崖古亭柱上寫的詩就是魚玄機所作。玉蘭在白鷺觀鞭笞侍婢至死並將其埋於庭前一株馬櫻花下。顯然高羅佩藉用此事寫作多半是因為魚玄機妒殺婢女事件本身的懸疑性。

日本作家森鷗外也創作了一篇以魚玄機為主角的短篇小說。森鷗外是活躍於日本明治、大正時代的一位文學巨匠。他根據唐人筆記創作的短篇小說《魚玄機》，發表於一九一五年七月的綜合雜誌《中央公論》上。這篇小說情節豐富完整，特意地表現了當時日本社會中女性解放運動所提倡的「性覺醒」這一觀念，藉魚玄機來反映時代背景下活躍著的「新女性」形象。小說交代了魚玄機的相貌、才氣、出身。還虛構了一些情節，與樂人陳某的邂逅，性意識的覺醒等也刻劃得唯妙唯肖，完整而生動地講述了魚玄機傳奇的一生。作品中還穿插了對魚玄機詩作的評價。

令人稱奇的是魚玄機還出現在當代才子作家的小說裡。

在這部充滿調侃和反諷意味的現代小說裡，魚玄機沒有那麼多高尚的優雅情懷，沒有詩和遠方，有的是惡毒而誘人的笑。傾國傾城的外貌之下，她內心有著噬骨的悲涼和對塵世痛苦的麻木。一枝邪惡的罌粟花冷漠地在世間綻放。

他寫魚玄機上刑場時是這樣的：「魚玄機上刑場卻不是這樣。那輛車是一隊白羊拉的小四輪車，車上鋪了一塊鮮紅的猩猩氈。魚玄機斜躺在氈上，衣著如前所述，披散著萬縷青絲，一手托腮，嘴角叼了一朵山茶花，一副若有所思的模樣。臉上雖然沒有血色，卻更顯得人如粉雕玉琢，楚楚可憐。魚玄機上刑場時就是這個模樣。」這個樣子的魚玄機倒有點吉卜賽女郎的味道。

臨刑時，魚玄機一襲白衣，簡直傾倒了芸芸眾生：「那一天她穿著白緞子的褻衣，攔腰束一條紅色的絲絳，簡直嫵媚之極。」那些看客眼中的魚玄機還是這樣的：「魚玄機的手十指纖長，指甲塗丹；長髮委地，光可鑑人，十分好看。」

後來，「魚玄機走上臺子，用手向後撩起頭髮，讓劊子手往她脖子上繫絞索。那時候她還笑著對劊子手說：『待會可別太使勁了。我的脖子是很細的喲！』……有一個文書走上前去，問道：『魚玄機，你有什麼遺言嗎？』後來人們傳說道，魚玄機在死前吟詩道：『易求無價寶，難得有情郎。』其實不是這樣。魚玄機說的是：『很難受呀。就不能一次解決嗎？』那個文書聳聳肩膀走開了。接著鼓聲又響了，又絞了她一次。這一回她咳嗽了很久。」在劊子手職業式的絞刑操作下，她最後留給人世間的只是一句惡毒的咒罵，頗有些後現代的解構意味。

小說裡寫道：「總而言之，魚玄機本身就是個悽婉的夢，充滿了色情和暴力」，「在西陽坊裡，王仙客經常夢見魚玄機，夢見她坐在中間那一小片陽光晒到的地方。這時候他不再覺得魚玄機也是一個夢，而是和回憶一樣的東西；或者說，對他來說，夢和回憶已經密不可分。」

魚玄機就像一個充滿誘惑的香豔意象。小說中的王仙客對魚玄機的態度，也是那些刑場看客們的態度。其實，更是魚玄機身邊的那些男性對她的共同態度：李億、左名場、李近仁、劉潼、李郢、溫庭筠，包括那個樂師陳韙。始亂終棄者有之，意圖染指者有之，意欲占有者有之，私心愛慕者有之。最終，當這個女性在絕望中死去，作為當事者的他們都紛紛轉過身去，不曾為她說過一句話，留下一個字。

在小說中，可以發現魚玄機的一縷香魂還殘留在現代中國文人的歷史記憶裡。當然，一併記住的有她那一大把水草一樣茂盛而動人的長髮，還有她面對形形色色暴力時流露出的香甜而卑微的笑容，這些令人不禁想起魚玄機的那句殘詩：「殷勤不得語，紅淚一雙流。」不過，最令人震撼的是小說中魚玄機對於人生和死亡表現出的麻木而決絕的態度：「魚玄機卻興高采烈，說道：『再過一會就要死了。可真不容易呀。』還說，活在世界上當一個人，實在倒楣得很。」

凡此種種，都讓人深為作家敏銳精準的歷史觀察和冷峻思考而驚嘆。

方令正執導的香港電影《唐朝豪放女》是以魚玄機為主角的電影，於曖昧情愛中演繹一個古代紅顏的另類人生。全片第一個鏡頭是俯瞰視角，一身白衣的魚玄機走進道觀，莊嚴純淨，陪伴她的是侍女綠翹。這個俯視鏡頭的開篇，有種說不出來的悲憫感，彷彿是預知了最終結局。電影表現的是時代壓抑與個體生命的無奈。比如魚玄機常說：「男人都不相信，一個女人可以過獨立的生活，而且還過得那麼瀟灑。」她最後向綠翹大喊：「你是一個女人，你不是一個奴婢！」事實上都是在張揚女性身分與個性的獨立自主。影片還有一個令人印象深刻的結尾。當魚玄機被押上刑場後，情人崔伯侯衝破重重關卡闖入法場劫救，可是魚玄機卻並不為之所動。她漠然地說：「你喜歡來就來，走就走，為什麼不問我想怎樣？」崔伯侯迷惑不解：「那你想怎樣？」魚玄機卻答道：「我不走！」那一刻，崔伯侯茫然長嘆一聲。他不甘心地最後問道：「玄機，你為什麼不走？」魚玄機望著遠方嘆了口氣：「我走過很多女人都走的路，不願意再走了。」是的，風華絕代的魚玄機累了，心中徹底放下了人世間的一切，包括愛情和生命。她去意已決，心如死灰。此時，魚玄機的決意求死成為一種大徹大悟。這一刻，這部通俗愛情劇情片開始有了某種打動人心的穿透力，接近於歷史人生的真實。

而一位現代女詩人歷來主張女性獨立的權利。她讀懂了魚玄機的詩篇和悲劇命運對於女性的意義，為魚玄機一口氣寫了五首詩。

她為魚玄機女性意識的覺醒而興奮不已：

魚玄機　她像男人一樣寫作

像男人一樣交遊

無病時　也高臥在床

懶梳妝　樹下奔突的高燒
是毀人的力量　暫時
無人知道　她半夜起來梳頭
把詩書讀遍
既然能夠看到年輕男子的笑臉
哪能在乎老年男人的身體？
又何必寫怨詩？

她肯定魚玄機的過往：
多麼年輕呵
她賦得江邊柳　卻賦不得男人心
比起那些躺在女子祠堂裡的婦女
她的心一片桃紅

——〈何必寫怨詩〉

這裡躺著魚玄機　她生性傲慢
活該她倒楣　想想別的那些女詩人
她們為自己留下足夠的分析數據
她們才不會理睬什麼皇甫枚
那些風流　那些多情的顏色
把她的道袍變成了萬花筒
多好呵

——〈關於魚玄機之死的分析報告〉

她為魚玄機的悲劇命運深感不平：
西元八六八年
魚玄機　身穿枷衣
被送上刑場　躺在血泊中
鮮花鉤住了她的人頭

很多古代女人身穿枷衣
飄滿天空　串起來
可以成為白色風箏　她們升不上天
魚玄機　身穿道袍　詩文候教
十二著文章　十六為人妾
二十入道觀　二十五
她斃命於黃泉

——〈一條魚和另一條魚的玄機無人知道〉

……

此外，魚玄機艱難曲折的人生經歷還被無數次搬上了現代戲劇的舞臺，幾乎各個劇種都有。

二〇一一年，有個京劇團編排了《魚玄機》，魚玄機由京劇院院長扮演。這部京劇堪稱是一首愛的悼亡詩。在繁華漸逝的晚唐，一個女性至美至純的生命凋零了。年輕的魚玄機初嫁李億為妾，兩人情投意合，不料李億迫於妻家壓力，竟讓她遁入空門。魚玄機翹首苦等三年，卻在李億到平康裡尋歡作樂時，與他不期而遇……魚玄機幻夢破滅，心灰意冷。此時，樂師陳韙向魚玄機表達傾慕之意，令她再度燃起愛的希望。誰知口口聲聲「偕老白頭」的陳韙，竟與侍女綠翹偷情，魚玄機再一次遭背叛。盛怒之下，魚玄機失手誤殺綠翹。等待她的是大唐律的審問。在生命最後的階段，魚玄機以自己的方式驕傲、冷峻地嘲諷了那些缺乏溫情的人心，嘲諷了那個不容真情的世界。

演員將一開始憧憬幸福的初婚女子到最後掙扎在斷頭臺上的絕情婦人演繹得淋漓盡致。她這樣表達自己的表演感受：「這是近幾年我排的戲裡最難的一部，唱腔和板式難度都很大。而且，這部劇的故事十分感人，每次唱到動情處，我常常需要控制自己的情緒，因為一旦想流淚，就會影響演唱。既要將情緒傳達給觀眾，又要控制自己，這個『度』很難掌握。」可見，魚玄機的不幸身世和獨特個性具有一種打動人心的力量。

另一個京劇團也編排了《才女魚玄機》一劇。講述的是年少便已頗負詩名的魚幼微，滿懷期盼等待戀人李億回鄉正式迎娶她，哪知最後等來的卻是要被其妻裴氏掃地出門的消息。深愛李億的她聽信了李億的信誓旦旦，隻身寄居咸宜觀。又是三年的苦等苦盼，最終老師溫庭筠卻證實了李億早已攜妻赴任離她而去的消息。極度傷心的魚幼微就此蛻變，以道號玄機自詡，大張「詩文候教」的豔幟，醉生夢死。相貌酷似李億的琴師陳韙，雖讓她心神恍惚，但始終難以傾心。貼身奴婢綠翹的背叛，終於使得痴情的她走向悲劇的深淵……

同一個魚玄機，變身為小說魚玄機、影視魚玄機、詩歌魚玄機、戲劇魚玄機，如同萬花筒一般，照見了人世間的大千百態，歷史的風雲變遷。

附錄

關於魚玄機的史實資料

作為唐朝最著名的女詩人之一，但正史中對魚玄機並無隻字片語記載。她的生平傳記資料散見於晚唐皇甫枚《三水小牘》、五代宋初孫光憲《北夢瑣言》、元代辛文房《唐才子傳》等書，這些成為歷代對魚玄機生平的考證基本依據。另外《太平廣記》、《直齋書錄解題》和《全唐詩》等書中還存留有一些相關的斷章短句。無論是正史還是野志，對魚玄機之記載均甚少，僅有的記載中提到的魚玄機嫁為李億妾及其入咸宜觀的時間也不相同。故於其之研究多在其詩。

唐皇甫枚《三水小牘》

西京咸宜觀女道士魚玄機，字幼微，長安里家女也。色既傾國，思乃入神。喜讀書屬文，尤致意於一吟一詠。破瓜之歲，志慕清虛。咸通初，遂從冠帔於咸宜，而風月賞玩之佳句，往往播於士林。然蕙蘭弱質，不能自持，復為豪俠所調，乃從遊處焉。於是風流之士爭修飾以求狎，或載酒詣之者，必鳴琴賦詩，間以謔浪，懵學輩自視缺然。其詩有「綺陌春望遠，瑤徽秋興多」，又「殷勤不得語，紅淚一雙流」，又「焚香登玉壇，端簡禮金闕」，又云：「多情自鬱爭因夢，仙貌長芳又勝花。」此數聯為絕矣。

一女僮曰綠翹，亦特明慧有色。忽一日，機為鄰院所邀，將行，誡翹曰：「無出。若有熟客，但云在某處。」機為女伴所留，迨暮方歸院，綠翹迎門曰：「適某客來，知鍊師不在，不捨轡而去矣。」客乃機素相暱者，意翹與之狎。及夜，張燈扃戶，乃命翹入臥內。訊之，翹曰：「自執巾盥數年，實自檢御，不令有似是之過，致忤尊意。且某客至，款扉，翹隔闔報云：『鍊師不在。』客無言，策馬而去，若云情愛，不蓄於胸襟有年矣，幸鍊師無疑。」機愈怒，裸而笞百數，但言無之。既委頓，請杯水酹地曰：「鍊師欲求三清長生之道，而未能忘解佩薦枕之歡。反以沉猜，厚誣貞正，翹今必死於毒手矣。無天則無所訴；若有，誰能抑我強魂？誓不蠢蠢於冥莫之中，縱爾淫佚！」言訖，絕於地。機恐，乃坎後庭瘞之，自謂人無知者。時咸通戊子春正月也。有問翹者，則曰：「春雨霽，逃矣。」

客有宴於機室者，因溲於後庭，當瘞上，見青蠅數十集於地，驅去復來。詳視之，如有血痕，且腥。客既出，竊語其僕。僕歸，復語其兄。其兄為府街卒，嘗求金於機，機不顧，卒深銜之。聞此，遽至觀門覘伺，見偶語者，乃訝不睹綠翹之出入。街卒復呼數卒，攜鍤共突入玄機院發之，而綠翹貌如生。卒遂錄玄機京兆府，吏詰之，辭伏，而朝士多為言者。府乃表列上，至秋，竟戮之。在獄中亦有詩曰：「易求無價寶，難得有心郎。明月照幽隙，清風開短襟。」此其美者也。

（據《三水小牘》「趙知微雨夕登天柱峰翫月」條載：「九華山道士趙知微，乃皇甫玄真之師。少有凌雲之志，入茲山，結廬於鳳凰嶺前。諷頌道書，煉志幽寂。蕙蘭以為服，松柏以為糧。隱跡數十年，遂臻玄牝，由是好奇之士多從之。玄真既申弟子禮，服勤執敬，亦十五年。至咸通辛卯歲，知微以山中煉丹須西土藥者，乃使玄真來京師，寓於玉芝觀之上清院。皇甫枚時居蘭陵裡第，日與相從……」可見，當時皇甫枚居住在長安蘭陵裡，與玄機出家的咸宜觀所在的親仁坊僅四坊之隔。二人又為同時代人，照理皇甫枚所記玄機妒殺婢女一事應最接近史實。）

元文辛房《唐才子傳》

玄機，長安人，女道士也。性聰慧，好讀書，尤工韻調，情致繁縟。咸通中及笄，為李億補闕侍寵。夫人妒，不能容，億遣隸咸宜觀披戴。有怨李詩云：「易求無價寶，難得有心郎。」與李郢端公同巷，居止接近，詩筒往反。復與溫庭筠交遊，有相寄篇什。嘗登崇真觀南樓，睹新進士題名，賦詩曰：「雲峰滿目放春晴，歷歷銀鉤指下生。自恨羅衣掩詩句，舉頭空羨榜中名。」觀其志意激切，使為一男子，必有用之才，作者頗賞憐之。時京師諸宮宇女郎，皆清俊濟楚，簪星曳月，唯以吟詠自遣，玄機傑出，多見酬酢云。有詩集一卷，今傳。

宋孫光憲《北夢瑣言》

唐女道魚玄機，字蕙蘭，甚有才思。咸通中，為李億補闕執箕帚。後愛衰，下山隸咸宜觀為女道士。有怨李公詩曰：「易求無價寶，難得有心郎。」又云：「蕙蘭銷歇歸春浦，楊柳東西伴客舟。」自是縱懷，乃娼婦也。竟以殺侍婢為京兆尹溫璋殺之。有集行於世。

明徐獻忠《唐詩品》

玄機形氣幽柔，心悰流散，其於子安，情寄已甚。而〈感懷〉、〈期友〉及〈迎李近仁員外〉諸作，持思翩翩，尚有餘恨，雖桑間濮上，何復自殊？其詩婉茜悲悽，有風人之調。女郎間求之，則蘭英綺密，左芬充朠，生與同時，亦非廊廡間客也。

《全唐詩》所收魚玄機詩作

魚玄機有《魚玄機集》一卷，詩作現存有五十首之多，《全唐詩》有收錄。

賦得江邊柳（一作臨江樹）

翠色連荒岸，煙姿入遠樓。
影鋪秋水面，花落釣人頭。
根老藏魚窟，枝低系客舟。
蕭蕭風雨夜，驚夢復添愁。

贈鄰女（一作寄李億員外）

羞日遮羅袖，愁春懶起妝。
易求無價寶，難得有心郎。

枕上潛垂淚，花間暗斷腸。
自能窺宋玉，何必恨王昌。

寄國香

旦夕醉吟身，相思又此春。
雨中寄書使，窗下斷腸人。
山卷珠簾看，愁隨芳草新。
別來清宴上，幾度落梁塵。

寄題鍊師

霞彩剪為衣，添香出繡幃。
芙蓉花葉□，山水帔□稀。
駐履聞鶯語，開籠放鶴飛。
高堂春睡覺，暮雨正霏霏。

寄劉尚書

八座鎮雄軍，歌謠滿路新。
汾川三月雨，晉水百花春。
囹圄長空鎖，干戈久覆塵。
儒僧觀子夜，羈客醉紅茵。
筆硯行隨手，詩書坐繞身。
小材多顧盼，得作食魚人。

浣紗廟

吳越相謀計策多，浣紗神女已相和。
一雙笑靨才回面，十萬精兵盡倒戈。
范蠡功成身隱遁，伍胥諫死國消磨。
只今諸暨長江畔，空有青山號苧蘿。

賣殘牡丹

臨風興嘆落花頻，芳意潛消又一春。
應為價高人不問，卻緣香甚蝶難親。
紅英只稱生宮裡，翠葉那堪染路塵。
及至移根上林苑，王孫方恨買無因。

酬李學士寄簟

珍簟新鋪翡翠樓，泓澄玉水記方流。
唯應雲扇情相似，同向銀床恨早秋。

情書（一作書情寄李子安）

飲冰食蘗志無功，晉水壺關在夢中。
秦鏡欲分愁墮鵲，舜琴將弄怨飛鴻。
井邊桐葉鳴秋雨，窗下銀燈暗曉風。
書信茫茫何處問，持竿盡日碧江空。

閨怨

靡蕪盈手泣斜暉，聞道鄰家夫婿歸。
別日南鴻才北去，今朝北雁又南飛。
春來秋去相思在，秋去春來信息稀。
扃閉朱門人不到，砧聲何事透羅幃。

春情寄子安

山路欹斜石磴危，不愁行苦苦相思。
冰銷遠澗憐清韻，雪遠寒峰想玉姿。
莫聽凡歌春病酒，休招閒客夜貪棋。
如松匪石盟長在，比翼連襟會肯遲。
雖恨獨行冬盡日，終期相見月圓時。
別君何物堪持贈，淚落晴光一首詩。

打球作

堅圓淨滑一星流，月杖爭敲未擬休。
無滯礙時從撥弄，有遮欄處任鉤留。
不辭宛轉長隨手，卻恐相將不到頭。
畢竟入門應始了，願君爭取最前籌。

暮春有感寄友人

鶯語驚殘夢，輕妝改淚容。
竹陰初月薄，江靜晚煙濃。
溼嘴啣泥燕，香鬚採蕊蜂。
獨憐無限思，吟罷亞枝松。

冬夜寄溫飛卿

苦思搜詩燈下吟，不眠長夜怕寒衾。
滿庭木葉愁風起，透幌紗窗惜月沉。

疏散未聞終遂願，盛衰空見本來心。
幽棲莫定梧桐處，暮雀啾啾空繞林。

酬李郢夏日釣魚回見示

住處雖同巷，經年不一過。
清詞勸舊女，香桂折新柯。
道性欺冰雪，禪心笑綺羅。
跡登霄漢上，無路接煙波。

次韻西鄰新居兼乞酒

一首詩來百度吟，新情字字又聲金。
西看已有登垣意，遠望能無化石心。
河漢期賒空極目，瀟湘夢斷罷調琴。
況逢寒節添鄉思，叔夜佳醪莫獨斟。

和友人次韻

何事能銷旅館愁，紅箋開處見銀鉤。
蓬山雨灑千峰小，嶰谷風吹萬葉秋。
字字朝看輕碧玉，篇篇夜誦在衾裯。
欲將香匣收藏卻，且惜時吟在手頭。

和新及第悼亡詩二首

其一

仙籍人間不久留，片時已過十經秋。
鴛鴦帳下香猶暖，鸚鵡籠中語未休。
朝露綴花如臉恨，晚風欹柳似眉愁。
彩雲一去無訊息，潘岳多情慾白頭。

其二

一枝月桂和煙秀，萬樹江桃帶雨紅。
且醉尊前休悵望，古來悲樂與今同。

遊崇真觀南樓，睹新及第題名處

雲峰滿目放春晴，歷歷銀鉤指下生。
自恨羅衣掩詩句，舉頭空羨榜中名。

愁思

落葉紛紛暮雨和，朱絲獨撫自清歌。
放情休恨無心友，養性空拋苦海波。
長者車音門外有，道家書卷枕前多。
布衣終作雲霄客，綠水青山時一過。

秋怨

自嘆多情是足愁，況當風月滿庭秋。
洞房偏與更聲近，夜夜燈前欲白頭。

江行

大江橫抱武昌斜，鸚鵡洲前戶萬家。
畫舸春眠朝未足，夢為蝴蝶也尋花。
煙花已入鸕鷀港，畫舸猶沿鸚鵡洲。
醉臥醒吟都不覺，今朝驚在漢江頭。

聞李端公垂釣回寄贈

無限荷香染暑衣，阮郎何處弄船歸。
自慚不及鴛鴦侶，猶得雙雙近釣磯。

題任處士創資福寺

幽人創奇境，遊客駐行程。
粉壁空留字，蓮宮未有名。
鑿池泉自出，開徑草重生。
百尺金輪閣，當川豁眼明。

題隱霧亭

春花秋月入詩篇，白日清宵是散仙。
空卷珠簾不曾下，長移一榻對山眠。

重陽阻雨

滿庭黃菊籬邊折，兩朵芙蓉鏡裡開。
落帽臺前風雨阻，不知何處醉金盃。

早秋

嫩菊含新彩，遠山閒夕煙。
涼風驚綠樹，清韻入朱弦。
思婦機中錦，徵人塞外天。
雁飛魚在水，書信若為傳。

感懷寄人

恨寄朱弦上，含情意不任。
早知雲雨會，未起蕙蘭心。
灼灼桃兼李，無妨國士尋。
蒼蒼松與桂，仍羨世人欽。
月色苔階淨，歌聲竹院深。
門前紅葉地，不掃待知音。

期友人阻雨不至

雁魚空有信，雞黍恨無期。
閉戶方籠月，褰簾已散絲。
近泉鳴砌畔，遠浪漲江湄。
鄉思悲秋客，愁吟五字詩。

訪趙鍊師不遇

何處同仙侶，青衣獨在家。
暖爐留煮藥，鄰院為煎茶。
畫壁燈光暗，幡竿日影斜。
殷勤重回首，牆外數枝花。

遣懷

閒散身無事，風光獨自遊。
斷雲江上月，解纜海中舟。
琴弄蕭梁寺，詩吟庾亮樓。
叢篁堪作伴，片石好為儔。
燕雀徒為貴，金銀志不求。
滿杯春酒綠，對月夜窗幽。

繞砌澄清沼，抽簪映細流。
臥床書冊遍，半醉起梳頭。

寄飛卿

階砌亂蛩鳴，庭柯煙露清。
月中鄰樂響，樓上遠山明。
珍簟涼風著，瑤琴寄恨生。
嵇君懶書札，底物慰秋情。

過鄂州

柳拂蘭橈花滿枝，石城城下暮帆遲。
折牌峰上三閭墓，遠火山頭五馬旗。
白雪調高題舊寺，陽春歌在換新詞。
莫愁魂逐清江去，空使行人萬首詩。

夏日山居

移得仙居此地來，花叢自遍不曾栽。
庭前亞樹張衣桁，坐上新泉泛酒杯。
軒檻暗傳深竹徑，綺羅長擁亂書堆。
閒乘畫舫吟明月，信任輕風吹卻回。

暮春即事

深巷窮門少侶儔，阮郎唯有夢中留。
香飄羅綺誰家席，風送歌聲何處樓。
街近鼓鼙喧曉睡，庭閒鵲語亂春愁。
安能追逐人間事，萬里身同不繫舟。

代人悼亡

曾睹夭桃想玉姿，帶風楊柳認蛾眉。
珠歸龍窟知誰見，鏡在鸞臺話向誰。

從此夢悲煙雨夜，不堪吟苦寂寥時。
西山日落東山月，恨想無因有了期。

和人

茫茫九陌無知己，暮去朝來典繡衣。
寶匣鏡昏蟬鬢亂，博山爐暖麝煙微。
多情公子春留句，少思文君晝掩扉。
莫惜羊車頻列載，柳絲梅綻正芳菲。

隔漢江寄子安

江南江北愁望，相思相憶空吟。
鴛鴦暖臥沙浦，鸂鶒閒飛橘林。
煙裡歌聲隱隱，渡頭月色沉沉。
含情咫尺千里，況聽家家遠砧。

寓言

紅桃處處春色，碧柳家家月明。
樓上新妝待夜，閨中獨坐含情。
芙蓉月下魚戲，螮蝀天邊雀聲。
人世悲歡一夢，如何得作雙成？

江陵愁望寄子安

楓葉千枝復萬枝，江橋掩映暮帆遲。
憶君心似西江水，日夜東流無歇時。

寄子安

醉別千巵不浣愁，離腸百結解無由。
蕙蘭銷歇歸春圃，楊柳東西絆客舟。
聚散已悲雲不定，恩情須學水長流。
有花時節知難遇，未肯厭厭醉玉樓。

送別

秦樓幾夜愜心期，不料仙郎有別離。
睡覺莫言雲去處，殘燈一盞野蛾飛。

迎李近仁員外

今日喜時聞喜鵲，昨宵燈下拜燈花。
焚香出戶迎潘岳，不羨牽牛織女家。

送別

水柔逐器知難定，雲出無心肯再歸。
惆悵春風楚江暮，鴛鴦一隻失群飛。

左名場自澤州至京使人傳語

閒居作賦幾年愁，王屋山前是舊遊。
詩詠東西千嶂亂，馬隨南北一泉流。
曾陪雨夜同歡席，別後花時獨上樓。

忽喜扣門傳語至，為憐鄰巷小房幽。
相如琴罷朱弦斷，雙燕巢分白露秋。
莫倦蓬門時一訪，每春忙在曲江頭。

和人次韻

喧喧朱紫雜人寰，獨自清吟日色間。
何事玉郎搜藻思，忽將瓊韻扣柴關。
白花發詠慚稱謝，僻巷深居謬學顏。
不用多情慾相見，松蘿高處是前山。

光、威、裒姊妹三人少孤而始妍乃有是作……因次其韻

昔聞南國容華少，今日東鄰姊妹三。
妝閣相看鸚鵡賦，碧窗應繡鳳凰衫。
紅芳滿院參差折，綠醑盈杯次第銜。
恐向瑤池曾作女，謫來塵世未為男。

文姬有貌終堪比，西子無言我更慚。
一曲豔歌琴杳杳，四弦輕撥語喃喃。
當臺競鬥青絲髮，對月爭誇白玉簪。
小有洞中松露滴，大羅天上柳煙含。
但能為雨心長在，不怕吹簫事未諳。
阿母幾嗔花下語，潘郎曾向夢中參。
暫持清句魂猶斷，若睹紅顏死亦甘。
悵望佳人何處在，行雲歸北又歸南。

折楊柳

朝朝送別泣花鈿，折盡春風楊柳煙。
願得西山無樹木，免教人作淚懸懸。

句

焚香登玉壇，端簡禮金闕。
明月照幽隙，清風開短襟。
綺陌春望遠，瑤徽春興多。
殷勤不得語，紅淚一雙流。
雲情自鬱爭同夢，仙貌長芳又勝花。

現代人對魚玄機的感悟

西元二〇〇六年某日，有位叫做翟永明的女詩人為魚玄機一口氣寫了五首詩：

魚玄機賦

一、一條魚和另一條魚的玄機無人知道

這是關於被殺和殺人的故事
西元八六八年
魚玄機　身穿枷衣
被送上刑場　躺在血泊中
鮮花鉤住了她的人頭
很多古代女人身穿枷衣
飄滿天空　串起來

可以成為白色風箏
她們升不上天
魚玄機身穿道袍　詩文候教
十二著文章　十六為人妾
二十入道觀　二十五
她斃命於黃泉
許多守候在螢幕旁的眼睛
盯住蕩婦的目錄
那些快速移動的指甲
剝奪了她們的姓
她們的名字　落下來
成為鍵盤手的即興彈奏
根老了　魚群藏匿至它的洞窟
魚玄機　想要上天入地

手指如鉤　攪亂了老樹的倒影
一網打盡的　不僅僅是四面八方
圍攏來的眼睛　還有史書的筆墨
道學家們的數據
九月　黃色衣衫飄然階前
她賦詩一首　她的老師看出不祥
歲月固然青蔥但如此無力
花朵有時痛楚卻強烈如焚
春雨放晴就是她們的死期
「朝士多為言」那也無濟於事
魚玄機著白衣綠翹穿紅衣手起刀落　她們的魚鱗
褪下來　成為漫天大雪
螢幕前守候的金屬眼睛
看不見雪花的六面晶體

噴吐墨汁的天空
剝奪了她們的顏色
一條魚和另一條魚
她們之間的玄機
就這樣　永遠無人知道

二、何必寫怨詩？

這裡躺著魚玄機　她想來想去
決定出家入道　為此
她心中明朗燦爛　又何必寫怨詩？
慵懶地躺在臥室中
拂塵乾枯地跳來跳去　她可以舉起它
乘長風飛到千里之外寄飛卿、窺宋玉、迎潘岳
訪趙鍊師或李郢
對弈李近仁　不再憶李億

又何必寫怨詩？
男人們像走馬燈
他們是畫中人
年輕的丫鬟　有自己主意
年輕的女孩　本該如此
她和她　她們都沒有流淚
夜晚本該用來清修
素心燈照不到素心人
魚玄機　她像男人一樣寫作像男人一樣交遊
無病時也高臥在床
懶梳妝　樹下奔突的高燒
是毀人的力量　暫時
無人知道　她半夜起來梳頭
把詩書讀遍

既然能夠看到年輕男子的笑臉
哪能在乎老年男人的身體？
又何必寫怨詩？
志不求金銀
意不恨王昌
慧不拷綠翹
心如飛花命犯溫璋
懶得自己動手
一切由它
人生一股煙　升起便是落下
也罷　短命正如長壽
又何必寫怨詩？

三、一支花調寄雁兒落——為古箏所譜、綠翹的鬼魂演奏

魚玄機：
蠟燭、薰香、雙陸
骰子、骨牌、博戲
如果我是一個男子
三百六十棋路
便能見高低
綠翹：
那就讓我們得情於梅花
新桃、紅雲、一派春天
不去買山而隱
偏要倚寺而居
魚玄機：銀鉤、兔毫、書冊
題詠、讀詩、酬答

如果我是一個男子
理所當然風光歸我所有
綠翹：
那就讓我們得氣於煙花
爆竹、一聲裂帛四下歡呼
你為我搜殘詩
我為你譜新曲
合：
有心窺宋玉
無意上旌表
所以犯天條
那就邁開凌波步幅
不再逃也不去逃

四、魚玄機的墓誌銘

這裡躺著詩人魚玄機
她生卒皆不逢時
早生早死八百年
寫詩　作畫　多情
她沒有贏得風流薄倖名
卻吃了冤枉官司
別人的墓前長滿松柏
她的墳上　至今開紅花
美女身分遮住了她的才華蓋世
望著那些高高在上的聖賢名師
她永不服氣

五、關於魚玄機之死的分析報告

「這裡躺著魚玄機」當我
在電腦上敲出這樣的文字
我並不知道
她生於何地　葬於何處？
作為一個犯罪嫌疑人　她甚至
沒有律師　不能翻供
作為一個蕩婦　她只能引頸受戮
以正朝綱　視聽　民憤等等
這裡躺著魚玄機　她在地下
大哭或者大罵
大悲或者大笑
我們只能猜測就像皇甫枚
——一個讓她出名的傢伙

猜測了她和綠翹的對話
當我埋首於一大堆卷宗裡
想像西元八六八年　離我們多遠
萬水千山　還隔著一個又一個偉大的朝代
多麼年輕呵
她賦得江邊柳　卻賦不得男人心
比起那些躺在女子祠堂裡的婦女
她的心一片桃紅
這裡躺著魚玄機　她生性傲慢
活該她倒楣　想想別的那些女詩人
她們為自己留下足夠的分析資料
她們才不會理睬什麼皇甫枚
那些風流　那些多情的顏色
把她的道袍變成了萬花筒

多好呵
如果西元八六八　變成了西元二〇〇五
她也許會從現在直活到八十五
有正當的職業　兒女不缺
她的女性意識　雖備受質疑
但不會讓她吃官司　挨杖斃
這裡躺著魚玄機　她在地下
也怨恨著：在唐代
為什麼沒有高科技？
這些猜測和想像
都不能變為呈堂證供
只是一個業餘考據者的分析
在秋天　她必須赴死

這裡躺著魚玄機　想起這些
在地下　她也永不服氣

二〇〇五年九月十日於義大利 Civitella 藝術中心

翟永明，當代女作家，詩人。已出版《女人》、《在一切玫瑰之上》、《翟永明詩集》等詩集，《紙上建築》等散文集，《紐約，紐約以西》、《白夜譚》等隨筆集。其作品多次被翻譯為英、德、日、荷蘭等國文字。

後世還有幾首名為〈魚玄機〉的流行歌曲。

魚玄機

詞：帥小天

海棠春睡　梅妝惹落花
悠悠一抹斜陽　吹尺八
榻上青絲　淚染了白髮
秋心入畫

舊日的傳奇都作了假
捨得罵名　卻捨不得他
緣來冥冥之中　放不下
玄機如卦
紅塵一剎　那這一世的繁華
不過由春到夏
由真變作了假　造化終虛化
人間豈能安得　雙全法
也許此去經年忘了也罷
只不過是一句了無牽掛
咸宜觀詩文候教的風雅
為誰作答
似夢非夢恰似水月鏡花
長安不見長把相思念啊

為何我又偏偏遇上了他
咫尺天涯
看春風吹動榆莢留下
我這一縷香魂　落誰家
都說下輩子青梅竹馬
美玉無瑕
紅塵一剎那這一世的繁華
不過由春到夏
由真變作了假　造化終虛化
人間豈能安得　雙全法
也許此去經年忘了也罷
只不過是一句了無牽掛
咸宜觀詩文候教的風雅
又為誰作答

似夢非夢恰似水月鏡花
長安不見長把相思念啊
為何我又偏偏遇上了他
咫尺天涯
似夢非夢恰似水月鏡花
長安不見長把相思念啊
為何我又偏偏遇上了他
枉自嗟嘆呀
也許冥冥中洗淨了鉛華
我又是那一塊美玉無瑕
易求善價　難得有情啊
如此說法
其實玄機不過這句話　懂嗎

魚玄機

我甘等你到白首
明知你不來也喝了孟婆酒
你從不懂我所求
明知我不在意這悠悠眾口
我只能作痴痴守明知你不會留
已十個年頭
你先走進輪迴樓
明知我不罷休更情深不壽
以翠色深淺　顯山水清閒
賦春花之篇　記冬至白雪
又新學瀲灩　該寫進哪闕
只道幼年　不予解

詞：不衣（傾歌流音）

正暮楚時節　有飛絮綿
落至誰琴弦　聽一曲秋月
終是無覺後　詢問風流
這情思怎了結
是應當時一別　生離不可見
你知我詩中願　卻不敢兩全
偏要妄做懷念　付與他人說成全
是景深聲悲切　江流東不絕
半支飛箋算纏綿
青燈點紅塵遠　斷不了世間
有你奉陪的舊年　便只求
一朝風雪沒去這萬千
正暮楚時節　有飛絮綿
落至誰琴弦　聽一曲秋月

終是無覺　後詢問風流
這情思怎了結
是應當時一別　生離不可見
你知我詩中願　卻不敢兩全
偏要妄做懷念　付與他人說成全
是景深聲悲切　江流東不絕
半支飛箋算纏綿
青燈點　紅塵遠　斷不了世間
有你奉陪的舊年　便只求
一朝風雪沒去這萬千

魚玄機

你沉在過去的夢中　吹不散帶不走
問蒼穹　千古誰與共
天不言人無蹤
相見歡相別情　難終嘆諸君意輕薄
一曲吟深愁幾句弄　盼餘生知音送
古庵青燈　綠苔秋風
小軒舊窗　禪經晚鐘
佛說世相虛空　可悲苦仍纏繞我胸
不如賜我一抔黑土　埋葬所有心慟
相見歡相別情難終　嘆諸君意輕薄
一曲吟深愁幾句弄　盼餘生知音送
古庵青燈　綠苔秋風

曲：許金晶

小軒舊窗　禪經晚鐘。
佛說世相虛空　可悲苦仍纏繞我胸
不如賜我一抔黑土　埋葬所有心慟
你沉在過去的夢中　吹不散帶不走

參考文獻

①彭志憲、張燚《魚玄機詩編年譯註》，新疆大學出版社一九九四年版。
②彭瓊〈魚玄機及其詩歌成就〉，安徽大學二〇一〇年碩士學位論文。
③李尊愛〈魚玄機詩歌研究〉，新疆師範大學二〇〇九年碩士學位論文。
④賈晉華〈重讀魚玄機〉，《華文文學》二〇一六年一月。
⑤譚正璧《中國女性文學史》，天津百花文藝出版社一九九一年版。
⑥梁曉雲〈掙扎，以死亡為腳註——魚玄機的矛盾世界〉，《名作欣賞》二〇一二年第二十九期。

電子書購買

爽讀 APP

國家圖書館出版品預行編目資料

魚玄機——從一代才女到階下囚，以命運寫下傳奇般的詩篇：詩才絕代、風姿綽約，咸宜觀裡，她執筆賦詩，卻沒能在紅塵中寫出自己的圓滿 / 孟斜陽 著 . -- 第一版 . -- 臺北市：崧燁文化事業有限公司 , 2025.01

面； 公分

POD 版

ISBN 978-626-416-212-8(平裝)

1.CST: (唐) 魚玄機 2.CST: 傳記

782.8418 113019735

魚玄機——從一代才女到階下囚，以命運寫下傳奇般的詩篇：詩才絕代、風姿綽約，咸宜觀裡，她執筆賦詩，卻沒能在紅塵中寫出自己的圓滿

臉書

作 者：孟斜陽
發 行 人：黃振庭
出 版 者：崧燁文化事業有限公司
發 行 者：崧燁文化事業有限公司
E-mail：sonbookservice@gmail.com
粉 絲 頁：https://www.facebook.com/sonbookss/
網 址：https://sonbook.net/
地 址：台北市中正區重慶南路一段 61 號 8 樓
8F., No.61, Sec. 1, Chongqing S. Rd., Zhongzheng Dist., Taipei City 100, Taiwan
電 話：(02) 2370-3310 傳 真：(02) 2388-1990
印 刷：京峯數位服務有限公司
律師顧問：廣華律師事務所 張珮琦律師

定 價： 399 元
發行日期： 2025 年 01 月第一版
◎本書以 POD 印製
Design Assets from Freepik.com